도쿄 트렌드 인사이트

일본에서 찾은 소비 비즈니스 트렌드 5

도쿄 트렌드 인사이트

정희선 지음

지은이의 말

'고금리, 고물가, 저성장'

코로나19가 전 세계를 덮친 뒤 3년이 지난 2023년, 팬데믹의 공포에서 벗어나 한숨을 돌리려나 싶더니 우리에게 닥친 또 다른 위협들이다. 팬데믹이 엔데믹으로 전환되는 과정에서 발생한 노동력 부족으로 인한 임금 상승, 수요 공급의 불일치, 러시아-우크라이나 전쟁으로 인한 공급망 혼란 등 생각지 못한 요인으로 인해 국제 유가와 원자재 가격이 올랐다.

전 세계가 인플레이션을 겪고 있는 와중 한국의 경제성장률은 어느 때보다 낮은 수치를 보인다. OECD를 포함한 국내외 경제 연구소들은 한국의 2023년 성장률을 하향 조정하며 1%대에 머물 것으로 전망한다. 국내의 낮은 성장률을 단기적인 현상이 아닌 구조적인 요인으로 해석하는 의견도 있다. 출생률 저하, 빠르게 진행되는 고령화, 생산성 저하 등으로 인해 한국 경제는 성장 동력을 잃어가고 있다는 것이다. 이제 저성장을 '뉴노멀(새로운 기준)'로 받아들이는 마음의 준비가 필요한 시점일지도 모르겠다.

성장이 멈추고 고령화가 빠르게 진행되는 시대, 소비자들의 행동과 심리는 어떻게 변할 것인가? 이러한 질문에 대해 힌트를 얻을 수 있는 곳이 우리 옆에 있다. 바로 지난 30년간 디플레이션˙을 경험한 일본이다. 지금 일본의 20대와 30대는 성장을 경험해보지 못했다. 40~50대 또한 1980년대 일본이 세계 경제를 선도했다든가, 세계 시가총액 상위 50대 기업 중 33개가 일본 기업이었다는 이야기는 남의 나라 이야기처럼 들린다.

경제가 성장하지 않고 30년째 월급이 오르지 않는 일본 소비자들의 하루하루는 어떨까? 앞으로도 내 지갑이 두둑해질 것이라는 기대감이 없는 소비자들은 어느 때보다 깐깐하게 군다. 올라가지 않는 월급 내에서 어디에 소비할 것인지, 가격을 지불할 만큼 해당 상품이나 서비스가 가치 있는지 꼼꼼하게 따진다. 즉 소비를 통한 만족감을 최대화하고자 하는 습관이 몸에 배는 것이다.

필자는 거의 10년간 도쿄에서 애널리스트로 일하고 생활하면서 소비 트렌드를 유심히 관찰하고 있다. 한때는 일본의 트렌드가 시차를 두고 한국에 그대로 적용된다는 말이 있었으나 이제 이러한 말은 통용되지 않는다. 한국과 일본, 두 나라가 각자 뚜렷하게 두각을 나타내는 산업이 있고 소비자의 성향도 다르다.

그럼에도 불구하고 지금 한국 사회를 이해하기 위해 빼놓을 수 없는 키워드인 '저성장'에 있어서는 일본의 사례가 우리에게 힌트를 줄 수 있다고 본다. 예를 들어 최근 자신이 가치 있게 생각하는

● 디플레이션(Deflation): 경제 통화량의 축소에 따라 물가가 하락하고 경제 활동이 침체되는 현상

제품이나 서비스에는 거침없이 돈을 쓰지만, 일상적으로 사용하는 제품에는 극단적으로 소비를 줄이는 양극화된 소비 패턴을 관찰할 수 있다. 일본에서도 경제성장률이 1%대로 떨어진 2000년 이후부터 이러한 양극화된 소비 패턴이 등장했다. 생필품 위주로는 가능한 절약하는 소비 심리가 발동하면서 일본을 대표하는 저가 브랜드, 예를 들어 유니클로, 100엔숍, 맥아 비율을 줄여 저렴한 가격으로 맥주 맛을 즐길 수 있도록 한 음료인 '제3의 맥주' 등이 2000년대 성행하기 시작했다. 하지만 동시에 명품 브랜드인 루이비통은 불황기에도 꾸준한 매출 성장을 보였는데, 이는 불황 속에서도 가끔은 사치를 누리고 싶어 하는 심리, 자신이 가치 있다고 여기는 영역에는 지갑을 여는 소비 심리가 반영되기 때문이다.

저성장뿐만이 아니다. 최근 한국에서 화두가 되는 고령화와 1인 가구의 증가라는 인구학적 변화를 일본은 우리보다 한참 앞서 겪기 시작했다. 일본은 세계에서 처음으로 80세 이상 고령 인구가 10%를 넘어선 국가이며, 전체 인구 1억 2,500만 명 중 65세 이상이 차지하는 비율이 29.1%다. 성장이 멈추고 고령화가 빠르게 진전되는 측면에서 한국은 일본과 닮아가고 있다고 해도 과언이 아니다.

저성장이 당연시되고 늙어가는 사회인 한국의 소비자들은 어떠한 제품과 서비스에 지갑을 열 것인가? 소비자들의 심리는 어떻게 변할 것인가? 이에 대한 힌트를 모색하기 위해 일본의 소비 트렌드와 소비자 니즈에 대응한 비즈니스를 살펴보는 것은 의미 있는 작업이 될 것이다.

일본은 저성장과 고령화라는 측면에서 유의미한 인사이트를 얻을 수 있는 나라이지만 책에서 이 두 가지 키워드만을 다루는 것은 아니다. 총 다섯 가지 키워드를 통해 현재 일본 내 소비자와 비즈니스의 변화를 다각도로 살펴볼 것이다. '저성장', '고령화'에 더해 'Z세대', '기술', 그리고 '친환경'이라는 키워드에 주목한다. 필자가 나머지 세 가지 키워드를 선정한 이유는 Z세대, 기술, 친환경은 현재 국가를 막론하고 전 세계의 소비 트렌드에 커다란 영향을 끼치고 있는 요소들이기 때문이다.

최근 국가를 불문하고 앞으로의 소비를 짊어질 'Z세대'에 대한 관심이 어느 때보다 높다. '기술'은 다양한 비즈니스 문제를 해결하는 데 활용되고 있다. 기업의 사회적 책임이 높아지고 환경을 의식하는 소비자가 많아지면서 '친환경'은 비즈니스 트렌드에 있어 중요한 키워드가 되었다.

다섯 가지 키워드를 중심으로 다음과 같은 질문에 대한 답을 얻고자 한다. 1장에서는 '저성장 시대를 살아가는 소비자들은 어떠한 선택을 할 것인가'라는 질문에 대한 힌트를 찾아본다. 최근 한국에서도 자주 들을 수 있는 가성비를 뜻하는 '코스파'에 이어 최근 '타이파(시간 가성비)', '스페파(공간 가성비)'라는 새로운 용어가 속속 등장하고 있다. 이렇게 다양한 용어를 관통하는 소비자의 심리는 동일하다. '내가 지불하는 가격 대비 더 많은 가치를 얻을 수 있을 것인가'이다. '퍼포먼스'를 중시하는 소비자들, 그리고 이에 대응해 기업들은 어떠한 서비스와 상품을 만들고 있을까?

2장에서는 일본의 Z세대는 어떠한 특징을 보이고 있는지 살펴본다. 할 것과 볼 것이 넘쳐나는 시대, 이들은 어느 때보다 시간을 중시한다. 시간과 돈이 아깝다는 이유로 술자리는 참석하지 않지만 자기가 가지고 싶은 카메라는 빚을 내서라도 당장 구입한다. 남들이 다 아는 브랜드보다는 개성 강한 편집숍의 직원을 SNS에서 팔로우하고 그들이 착용한 제품을 구입하는 이유는 무엇일까?

3장에서는 고령화 사회와 관련된 트렌드를 살펴본다. 우리는 실제로 고령자를 얼마나 이해하고 있을까? 일본에서 성공한 고령자를 대상으로 한 상품은 무엇일까? 그리고 3명 중 1명이 고령자인 사회에서 기업들은 어떠한 문제에 주목하며, 고령자들의 삶의 질을 향상하기 위해 어떠한 제품과 서비스를 만들고 있을까?

4장에서는 기술의 발달이 제품 생산과 서비스 현장에 어떠한 영향을 끼치고 있는지에 대해 살펴본다. 일본에서는 특히 두 가지 문제를 해결하기 위해 기술을 적극 도입하고 있다. 먼저 '다양화되고 세분화된 소비자들의 취향과 니즈를 어떻게 만족시킬 것인가', 그리고 '인구 감소로 인한 노동력 감소에 어떻게 대응할 것인가'이다. 기술을 활용해 어느 때보다 쉽게 개인화된 제품을 생산하며 로봇이 인간의 노동력을 대신하기 시작한다.

마지막 5장에서는 친환경 관련 비즈니스의 사례들에 주목한다. 일본에서도 다양한 산업에서 환경 부담을 줄이는 비즈니스가 등장하고 있다. 하지만 단지 친환경 구호를 내세우는 것만으로는 비즈니스가 성립하지 않는다. 친환경이라는 목표를 달성하면서 실제로 수익을 내는 비즈니스 사례들을 살펴볼 것이다.

트렌드를 이해하기 위한 키워드는 5개만이 아닐 것이다. 하지만 경제학적 요인(저성장), 인구학적 변화(Z세대·고령화), 기술의 변화, 그리고 새로운 가치관의 등장(친환경)을 살펴봄으로써 일본의 소비 트렌드와 사회적 변화를 전반적으로 이해할 수 있으리라고 본다.

트렌드 관련 서적이 수없이 쏟아지는 지금, 굳이 일본의 트렌드까지 알아야 하냐는 의문을 가진 독자분들도 있을 것으로 생각한다. 우리는 지금 미래를 예측하기 힘든 불확실성의 시대를 살고 있다. 아이러니하지만 예측이 힘든 시기일수록 안테나를 높이 세우고 트렌드를 포착할 필요가 있다. 또한 공급망이 긴밀하게 연결되고 전 세계가 하나가 된 지금, 국내뿐만 아니라 해외의 트렌드를 살펴봄으로써 넓은 시야를 가지고 고정관념을 깨는 새로운 아이디어를 발견할 수 있을 것이다. 옆 나라 일본의 사례를 통해 앞으로 우리 사회에 닥칠 위기를 극복하고 기회를 잡기 위한 방법에 대한 힌트를 얻기를 바란다.

정희선

목차

지은이의 말   004

1장 저성장 시대, 가격을 웃도는 가치를 전달하다   014

기능을 더하다, 기능성 제품과 저가 프리미엄 시장   020
시간에도 가성비가 있다, 타이파 소비   040
공간의 가성비, 욕조와 주방이 없는 집에 사는 젊은이들   061
지갑이 얇아진 소비자들이 집어드는 상품을 만드는 법   075

2장 Z세대, 이유가 있어야 소비를 한다   090

술자리는 가성비가 안 좋아, Z세대가 돈과 시간을 쓰는 법   094
Z세대가 D2C 브랜드를 구입하는 이유   108
물건보다 경험, 소비의 순간을 즐기다   118
Z세대의 윤리의식, 에티컬 소비   131

3장 100세 시대의 과제, 디지털로 해결하다 148

시니어를 타깃으로 하지 않는 시니어 잡지가 팔리는 이유 152
건강수명에서 찾는 비즈니스 찬스 164
고령자의 이동을 지원하다 175
고령화 문제를 해결하는 에이지테크 190

4장 기술, 취향의 다변화와 인구 감소에 대응하다 206

인공지능(AI)이 개발하는 신제품 209
나보다 나를 더 잘 아는 AI 219
로봇과 인간이 함께 일하는 세상 227
반려동물 대신 반려로봇 237

5장 친환경, 아깝다는 정신을 십분 발휘하다 252

먼지가 팔리는 상품이 되다, 버려지는 재료의 재탄생 254
남겨진 음식을 구출해줘! 268
환경오염의 주범이라는 오명을 벗자 281

Tokyo Trend Insight

저성장 시대,
가격을 웃도는 가치를 전달하다

Tokyo Trend

저성장, 고물가, 고환율… 2022년 하반기부터 경제신문에서 가장 많이 언급된 단어들일 것이다. 코로나19로 힘들었던 시간이 겨우 끝나나 싶더니 러시아-우크라이나 전쟁으로 인한 원재료값 상승, 미국의 금리 인상으로 인한 고환율 등 다양한 경제적 요인이 서민들의 생활을 압박하고 있다. 이러한 요인들은 일시적인 현상일 수도 있지만 앞으로의 경제 전망 또한 밝지만은 않다. 이미 한국은 1인당 국민소득 3만 달러를 넘어서며 선진국 반열에 들어섰다. 동시에 출산율은 감소하고 고령화는 진행되고 있다. 구조적인 면에서도 앞으로 높은 경제성장률을 달성하기가 쉽지 않은 상황이다.

저성장 시대, 소비자들은 당연히 허리띠를 졸라매고 불필요한 소비를 줄인다. 하지만 과연 '절약'만을 외치는 것이 지금 소비자들의 모습일까? 소비자들의 취향은 분명해졌고 그들은 어느 때보다 똑똑해졌다. 사고 싶은 물건이 생기면 인터넷에서 관련 정보를 먼저 습득한다. 단지 저렴한 제품을 구입하는 것이 아니라 가격 대비 성능, 즉 내가 지불하는 1원에 해당하는 가치를 꼼꼼하게 계산한다. 최근 많이 사용되고 있는 '가성비(가격 대비 성능)'라는 단어는 이러한 소비자 행동을 대변하는 단어다.

이러한 소비행동은 한국만이 아니라 일본도 마찬가지다. 도리어 '잃어버린 30년'이라고 불릴 정도로 성장이 멈춘 30년을 보낸 일본에서는 물가와 월급이 오르지 않는 저성장이 당연시되었으며 자연스럽게 가성비를 중시하는 소비자 행동이 정착되었다.

실제로 '가성비'를 뜻하는 일본어인 '코스파*'라는 단어는 1990년대부터 일반적으로 사용되기 시작했다. 이렇게 우리보다 30년 일찍부터 가성비라는 마인드셋이 무장된 일본 소비자들이 지갑을 열도록 만드는 것이 쉽지 않다. 오랫동안 코스파를 의식하며 살아온 일본의 소비자들 사이에서는 이제 코스파를 넘어 시간을 중시하는 '타이파(가격 대비 시간, Time-Performance)', 공간을 중시하는 '스페파(가격 대비 공간, Space-Performance)'라는 새로운 용어까지 등장하고 있다. 가격뿐만 아니라 다양한 축에서 성능

● 가격 대비 성능, 즉 코스트 퍼포먼스(Cost-Performance)의 일본식 발음

을 따지며 소비자들은 점점 더 영리하게 행동한다. 이러한 용어들의 핵심은 '퍼포먼스(performance, 성능)'를 중시한다는 점이다. 즉 가격에 있어, 시간에 있어, 공간에 있어 자신이 사용한 비용 대비 얻을 수 있는 가치를 중시하는 소비자들의 심리가 기저에 깔려 있다.

하지만 저성장 시대에 모든 소비자가 절약만을 외치는 것은 아니다. 저렴한 가격의 제품을 찾는 소비자가 늘지만 동시에 고가 상품의 판매도 늘어나는 양극화된 소비 패턴이 보인다. 특히 2022년 각종 상품 가격이 인상된 후 저소득층의 소비 의욕은 감소한 반면 고소득층의 소비 의욕에는 커다란 변화가 없었다.

이를 뒷받침하는 일본의 통계가 있다. 소비자조사업체인 인테지(INTAGE)는 5만 명 이상의 소비자들의 쇼핑 데이터를 지속적으로 수집함으로써 소비자들의 의식 변화를 읽어내고 있다. 인테지는 소비자를 8개의 그룹(안정된 생활을 추구하는 '안심형', 알뜰한 소비를 하는 '알뜰형' 등)으로 분류하는데, 2019년과 2022년의 변화를 살펴보니 8개 그룹 중 2개 그룹의 비중이 증가했다. 바로 품질과 감각을 중시하는 '세련미 고급화(洗練上質)' 그룹과 무조건 저렴함을 추구하는 '가격중시(価格重視)' 그룹이다. '세련미 고급화'로 분류되는 소비자 그룹은 까다롭고, 건강에 대한 의식이 높다. 다양한 제품을 비교 검토한 후 선택하며, 한 번 선택한 제품은 애용하는 경향을 보인다. 식생활에서는 부가가치를 제공하는 제품을 선택하고, 과자나 샴푸 같은 일상에서 사용하는 제품 또한 고가 제품을 사용하는 경향이 있다. 이들이 증가한 이유는 코로나19로 인해 건강에 대한 의식이 높아진 점, 그리고 외출이 자제되고 재택근무가 늘면서 혼자만의 시간이 늘자 자신을 위해 프리미엄 제품을 소비하는 사람들이 늘어난 것으로 파악된다.

동시에 코로나19로 인한 경제적 불안감으로 인해 가격에 민감해진 소비자들도 증가했다. 온라인 쇼핑이 확대되면서 유통의 선택지가 넓어지고 더욱 저렴하게 상품을 구입할 수 있는 환경이 정비된 점 또한 가격에 민감해진 소비자들이 증가한 이유다. 실제로 한국, 일본을 불문하고 PB(Private Brand)상품이나 대용량 저가 상품의 판매는 매해 증가하고 있다.

동일한 소비자가 두 가지 양극화된 소비행동을 보이는 점도 흥미롭다. 편의점에서 파는 2천 원짜리 초저가 도시락으로 끼니를 때우면서 평소에 갖고 싶었던 몇백만 원짜리 명품 가방에는 주저 없이 소비하는 양극화된 모습을 보인다. 가성비를 추구하지만 자신이 좋아하는 제품에는 아낌없이 지갑을 열고 '가심비(가격 대비 심리적 만족도)'를 추구하는 것이다.

이렇게 다양화된 소비자 행동을 어떻게 이해해야 할까? 경제 불황이 지속되고 소득이 늘지 않는 상황에서 자신이 얻는 만족도를 최대화하기 위해 소비자들은 질문한다.

"내가 지불하는 가격 대비 가치를 얻을 수 있을 것인가."

이 가치는 소비자마다 다르게 정의될 수 있다. 금전적인 가치, 심리적인 가치, 공간의 가치, 시간의 가치 등 자신이 중요하게 여기는 가치는 사람에 따라, 상황에 따라 달라질 것이다.

성장이 멈춘 시대를 사는 소비자들은 라면 한 봉지를 살 때도 꼼꼼하게 따진다. 이러한 소비자들의 지갑을 열기 위해 일본 기업들은 고군분투하고 있다. 가격 대비 가치를 까다롭게 계산하는 소비자들에게 가치를 전달하기 위해 기업들은 어떠한 전략을 취하고 있을까? 어떻게 하면 가격을 웃도는 가치를 전달할 수 있을까?

가치란 여태까지 없던 새로운 기능을 제공하는 것이 될 수도 있고, 소비자의 시간을 줄여주는 것일 수도 있다. 혹은 동일한 제품의 품질은 유지하면서 가격을 더욱 낮춤으로써 가치를 제공할 수도 있다. 소비자들 또한 자신이 중시하는 가치에는 아낌없이 투자하지만 그렇지 않은 영역에서는 과감히 소비를 없애는 행동을 보인다. 최근 일본에서는 일부 젊은이들 사이에서 욕조가 없는 집이 인기가 높다. 뒤에서 자세히 서술하겠지만 이는 외부에서 조달 가능한 집 안의 기능, 예를 들면 욕실 혹은 주방이라는 공간을 없애고 대신 자신이 중시하는 가치, 즉 역과의 접근성, 도심 내 거주와 같은 가치에 집중하는 것이다.

일본 소비자들의 변화와 이에 따른 기업들의 대응을 살펴보면 저성장 시대, 기업은 어떠한 제품을 만들고 어떠한 전략으로 소비자들을 설득해야 하는지에 관한 힌트를 얻을 수 있을 것이다.

> 2023년 10월 기준, 100엔＝900~910원을 형성하고 있다. 하지만 이 책에서는 독자의 빠른 이해를 위해 100엔＝1,000원으로 상정해 계산했다. 실제로 지난 10년간 100엔은 1,100~900원 사이에서 움직였기에 이 가정에 커다란 무리가 없으리라 판단한다.

기능을 더하다,
기능성 제품과 저가 프리미엄 시장

최근 일본에서 빠르게 성장하며 경쟁이 점점 치열해지는 시장은 바로 '기능성 시장'이다. 기존의 제품에 특정 기능을 추가해 소비자들에게 부가가치를 제공하는 것이다. 제품의 차별화가 쉽지 않은 소비재에서 쉽게 찾아볼 수 있으며 기능성 식품, 기능성 의류 등을 예로 들 수 있다.

그중에서도 가장 빠르게 성장하며 기업들의 제품 개발이 활발한 곳은 기능성 식품 시장이다. 그 배경에는 2015년부터 시작된 '기능성 표시 식품 제도'가 있다. 이 제도는 국가가 아닌 사업자가 식품의 기능과 안전성을 입증하면 건강 효과를 제품의 표면에 표기할 수 있도록 한 것이다. 이해를 돕기 위해 몇 가지 예를 들면, 녹차에 지방을 분해하는 특정 성분을 넣어 이 성분이 안전하고 지방 분해에 효과를 보이면 '지방을 분해해주는 녹차'라고 부를 수 있는 것이다. 혹은 요구르트에 미백에 좋은 성분을 첨가해 '피부를 투명하게 만들어주는 요구르트'와 같은 제품을 만드는 것이다.

일본의 소비재 기업들은 우리가 일상에서 먹고 마시는 식품과 음료에 특정 기능을 첨가해 '일상에서 챙기는 건강'을 콘셉트로 다양한 기능성 표시 식품을 출시하고 있다. 한국에서는 2023년 2월에 hy(구 한국야쿠르트)가 출시한 '스트레스케어 쉼'이 일본의 기능성 식품과 유사하다. hy의 스트레스케어 쉼은 프로바이오티스와 테아닌을 함유해 장 건강, 긴장 완화 등에 도움을 주는 기능을 첨가한 음료다.

일본의 시장조사업체인 후지경제연구소에 따르면 일본의 기능성 표시 식품 시장 규모는 2022년 약 5,462억 엔(약 5조 4천억 원)에 달했으며 2023년에는 5,935억 엔(약 5조 9천억 원)에 달할 것으로 전망한다. 초기에는 음료를 중심으로 시작해 지금은 과자, 요구르트, 간장, 된장 등 다양한 상품 카테고리로 확대되며 시장이 점차 커지고 있다.

기업들은 왜 기능성 식품을 끊임없이 만들어내는 것일까? 우선 인구 감소로 인해 소비 시장이 전반적으로 축소되고 있다는 점이 배경으로 지목된다. 이는 일본의 많은 산업, 특히 소비재에서 나타나는 특징이다. 전체 소비자의 수가 줄어드니 자연스럽게 시장 규모가 축소하거나 정체되고 기업들은 필사적으로 신제품을 출시하거나 새로운 마케팅을 통해 소비자들을 설득해야 한다. 즉 일본의 기능성 식품 시장을 살펴보면 인구 감소, 고령화로 인해 성장이 정체된 시장에서 소비자들에게 선택받기 위한 일본 기업들의 치열한 마케팅 전략을 엿볼 수 있다.

그럼 소비자 입장에서는 왜 기능성 음료와 식품을 선택하는 것일까? 가장 먼저 고령화로 인해 건강에 신경을 쓰는 소비자들이 늘어나고 있는 것이 하나의 요인이다. 100세까지 사는 것이 당연시되는 시대가 되면서 '건강 수명'에 대한 관심이 높아지고 있으며, 소비자들 또한 일상에서 쉽게 실천할 수 있는 건강법을 찾고 있다. 게다가 지난 3년간 우리 삶에 닥친 코로나19는 건강에 대한 소비자들의 관심을 더욱 높였다. 운동시설이 문을 닫고 운동 부족에 고민하는 소비자가 많아지면서, 먹고 마시는 것이라도 몸에 좋은 제품을 섭취하자는 심리가 강해졌다.

또한 기능성 식품은 가성비 면에서도 좋은 선택지다. 일반 식품에 비해서는 조금 비싼 가격이지만 건강을 손쉽게 챙길 수 있다는 점에서 '이득'을 보는 듯한 느낌을 받는다. 내가 지불한 가격 대비 확실한 효용을 느낀다는 점에서도 소비자들의 '가성비 추구'와 맥락을 같이한다.

이러한 인구구조의 변화, 소비자들의 인식, 기업들의 공격적인 마케팅이 맞물리면서 '이런 식품에 이런 기능을 첨가한다고?'라는 생각이 들 만큼 매우 다양한 기능성 식품이 탄생하며 소비자들을 유혹하고 있다. 최근 일본에서 인기를 끌고 있는 기능성 식품을 통해 추가적인 가치를 제안하는 제품의 포지셔닝 전략 및 신제품 개발 전략에 관해 힌트를 얻어보자.

먹을수록 몸이 가벼워지는 식품

현재 일본 시장에서 판매되고 있는 기능성 식품들의 캐치프레이즈를 잠시 살펴보자.

"뱃살이 줄어드는 맥주"
"기억력 향상에 도움이 되는 무알코올 맥주"
"혈당을 낮춰주는 차"
"골밀도를 높여주는 요구르트"
"피부를 자외선으로부터 보호하는 요구르트"

기능성 식품은 이렇게 단 한 줄의 설명만으로 상품의 핵심 가치를 소비자들에게 전달할 수 있다. 기능성 식품의 응용 범위는 무궁무진하다. 가장 흔하게 볼 수 있는 기능성 표시 식품은 혈당, 지방, 당질, 혈압 등 건강 수치를 개선해주는 음료다. 식사 중 섭취하는 혈당이나 중성지방의 흡수율을 낮추고, 혈압이 높은 사람의 혈압이 높아지지 않도록 하는 기능을 첨가한 다양한 종류의 차, 탄산음료,

비타민 음료 등이 계속 시장에 출시되고 있다.

이 중 흔하게 접할 수 있는 기능성 식품은 '당질 제한 혹은 저당질' 식품이다. 원래는 당뇨병 환자를 위해 출시되었던 당질 제한 식품이 체중 및 건강 관리에 대한 관심이 높아지면서 일반인 대상으로 시장이 확대되고 있다. 대기업뿐만 아니라 편의점도 당질 제한에 특화된 PB상품을 출시하면서 치열한 경쟁을 벌이고 있다. 당질 제한, 저당질 식품은 특히 코로나19 확산 후 인기가 높아졌다. 코로나19 이후 체중 증가를 호소한 사람이 크게 늘어난 것이 원인이다. 우리나라에서 '확찐자'라는 용어가 유행한 것처럼 일본에서도 '코로나'와 '살찌다(후토루, ふとる)'라는 동사의 합성어인 '코로나부토리'란 신조어가 생겨났다. 건기식 회사인 소노모노가 재택근무를 경험한 30~40대를 대상으로 한 설문조사에 따르면, 코로나19 이후 살이 쪘다고 답한 사람은 62.9%로 10명 중 6명에 달했다. 이에 따라 평소에 섭취하는 당질을 줄이려는 사람들이 많아졌고, 주요 식품회사들도 당질 제로 맥주부터 저당질 빵, 소스, 과자까지 다양한 형태의 당질 제한 식음료를 출시하고 있다.

그중에서도 최근 당질을 없앤 맥주의 인기가 높다. 실제로 맥주에는 당질이 많이 함유되어 있어 다이어트를 하는 사람들이 기피한다. 2020년 10월 기린맥주는 일본에서 최초로 당질이 전혀 없는 당질 제로 맥주를 발매했는데, 시장에 출시된 후 6개월간 누적 판매량이 300만 개를 돌파할 정도로 히트 상품이 되었다. 이는 기린맥주가 과거 10년간 발매한 맥주 신제품 가운데 가장 빠르게 팔린 제품

로손이 출시한 당질을 제한한 스낵
출처: 로손 홈페이지(lawson.co.jp)

으로 기록될 정도다.

맥주 업계 3위인 산토리 또한 2022년 4월 당질 제로 맥주 '더 퍼펙트 산토리 맥주'를 발매했는데, 당질을 제한하며 맥주 본연의 맛을 그대로 살리기 위해 약 5년의 개발기간을 거쳤다고 한다. 이 제품 또한 예상 판매량의 30%를 넘어서며 판매에 호조를 보이고 있다.

당질 제한 제품을 찾는 소비자들이 늘어나면서 맥주 외에도 각종 조미료와 디저트, 드레싱까지 당질을 제한한 제품들이 출시되는 중이다. 편의점도 자사 PB상품에 저당질, 당질 제로 먹거리를 잇달아 출시하고 있다. 일본 편의점 업계 2위인 로손은 당질을 없앤 삼각김밥을 비롯해 샌드위치, 면류 등을 출시했다. 재료 특성상 당질을 제로(0)로 만들기 힘든 제품은 기존 제품 대비 30~40%까지 당질을 줄였다. 편의점 업계 1위인 세븐일레븐에서도 PB상품으로 당질을 없앤 디저트 제품을 출시했다. 당질을 50% 줄인 도넛부터 파운드케이크, 와플 등까지 그 종류가 다양하며 소비자가 디저트를 먹을 때 드는 죄책감을 덜고 다이어트를 돕는 것이 목적이다.

    소비자 또한 어차피 먹고 마시는 음료와 식품에 몇백 원을 더 지불하더라도 혈압이나 당질을 줄여 건강을 챙길 수 있다면 이는 충분히 지불할 가치가 있다고 느낀다. 반대로 기업 입장에서는 정체된 시장에서 새로운 가치를 제공함으로써 제품의 단가를 올려 시장 규모 확대를 꾀할 수 있다.

이런 상품도 가능하다고? 상품기획의 끝판왕

    기능성 식품 시장이 확대되면서 제조사들의 마케팅은 점점 더 치열해진다. 식품회사들은 소비자들의 니즈를 쪼개고 쪼개어 특정 고민을 해결해줄 수 있는 제품을 지속해서 개발하고 있다. 일본 제조사들의 신상품을 들여다보면 니즈를 뾰족하게 타깃하고 소비자들의 고민을 해결해줄, 상품 기획의 힌트를 얻을 수 있다.

    개인적으로도 '이런 것도 가능하다고? 신박한데?'라고 생각한 상품이 종종 시장에 등장하는데, 그 대표적인 상품이 '뱃살이 빠지는 맥주'다. 무더운 여름밤에 시원한 맥주 한 잔의 유혹을 참기 어려운 사람이 많을 것이다. 늘어나는 뱃살이 걱정되지만 번번이 유혹에 지고 만다. 그런데 최근 일본에서는 뱃살 걱정 없이 마실 수 있는,

체지방 감소에 효과가 있는 무알코올 맥주 '카라다 프리'
출처: 기린맥주 홈페이지(kirin.co.jp)

아니 심지어 뱃살을 줄여주는 무알코올 맥주가 인기를 끌고 있다.

일본 맥주 3사(기린·산토리·아사히)는 2019년 일제히 체지방 감소에 효과가 있는 무알코올 맥주를 출시했다. 가장 먼저 시장을 개척한 기린맥주의 '카라다 프리(カラダ FREE)'는 지방을 분해하는 기능이 첨가된 무알코올 맥주다. 이전에도 지방의 흡수를 억제하는 효과를 가진 무알코올 맥주는 시장에 있었지만 지방을 분해하는 효과가 있는 맥주의 등장은 처음이다. 기린 측에 따르면 기린 카라다 프리를 200명의 성인 남녀에게 매일 1캔을 12주 동안 마시도록 한 결과 배 주위의 총 지방(내장지방과 피하지방)을 감소시키는 효과가 있었다고 발표했다.

기린과 거의 비슷한 시기에 산토리 맥주 또한 로즈힙에서 추출한 성분을 함유해 배 주위의 지방을 줄여주는 효과가 있는 '몸을 생

각하는 산토리 올 프리(からだを想うオールフリー)'를 발매하는 등 맥주 제조 3사가 모두 지방을 줄여주는 무알코올 맥주 판매에 여념이 없다.

특히 최근 일본에서는 알코올을 섭취하지 않는 20대가 늘고 있다. 이들에게 최근 무알코올 맥주가 인기를 끌며 판매량이 늘자 맥주 제조사들은 알코올이 들어가지 않은 맥주, 하이볼 등을 지속적으로 개발하고 있다. 기업들은 이 과정에서 알코올을 마시지 않는 사람뿐만 아니라 평소에 일반 맥주를 마시는 사람들 또한 상황에 따라 무알코올 맥주를 찾는다는 것을 알게 되었다. 술자리에서 취하고 싶지 않은 사람들이 처음 몇 잔은 맥주를 마시다가 무알코올 맥주로 바꿔 마신다든지, 맥주의 시원한 청량감은 즐기고 싶지만 재택근무 중이라면 탄산음료 대신 무알코올 맥주를 마시는 것이다.

여태까지 무알코올 맥주나 무알코올 하이볼은 상황에 따라 어쩔 수 없이 마셔야 하는, 맥주의 대체품으로 여겨졌다. 하지만 최근 일본의 맥주 제조사들은 특유의 장인 정신을 발휘해 개선의 개선을 거듭하면서 일반 맥주와 가까운 맛을 내도록 만들고 있다. 실제로 기린맥주가 자체적으로 조사한 결과에 따르면 응답자의 90%가 '맛있다'라고 대답했으며 92%는 '앞으로도 계속 마시고 싶다'라는 의견을 전했다.

SNS에서도 이를 확인할 수 있다. "뱃살이 신경 쓰이는 남편을 위해 최근 저녁 식사에는 카라다 프리를 마시고 있어요." "인공적인 맛이 안 나고 마시기 좋아요, 매일 마실 것 같아요." "운동을 끝내고

스트레칭을 한 후에는 카라다 프리를 마셔요. 원래는 맥주를 좋아하지만 건강을 위해 운동한 후에는 이것으로 정했어요." "맥주와 비슷한 맛이에요." "목 넘김이 좋고 맛있어요."와 같은 이용 후기와 맛에 대한 칭찬이 잇따르고 있다. 무알코올 맥주의 청량감이나 맛이 진화하며 일반 맥주와 비슷해졌기에 무알코올 맥주가 '어쩔 수 없이 마시는' 상품이 아닌 '적극적으로 찾아 마시는' 상품으로 바뀌고 있는 것이다.

이에 따라 일본의 맥주 제조사들은 무알코올 맥주의 라인업을 늘리고, 기능성이 들어간 무알코올 맥주를 새롭게 출시하고 있다. 2023년 6월에는 산토리가 기억력 향상에 도움이 되는 것으로 보고된 GABA라는 원료를 사용한 무알코올 맥주인 '내일을 생각하는 올프리(あしたを想うオールフリー)'를 출시했다. '기억력이 좋아지는 맥주'라는 참신한 콘셉트에 다시 한번 산토리의 영리한 포지셔닝에 감탄하게 된다.

소비자들은 이왕 마실 거면 뱃살이 줄어드는 성분이 들어가거나 기억력 유지에 도움이 되는 성분이 들어간 맥주를 마시고자 할 것이다. 누구나 맥주를 마시면서 뱃살 걱정을 하고, 특히 고령자들은 기억력 감퇴 문제로 고민하기 때문이다. 게다가 가격대 또한 일반 무알코올 맥주와 비슷하거나 10엔(약 100원) 정도의 차이밖에 나지 않는다. 비록 무알코올이지만 맥주를 마시는 느낌은 낼 수 있으면서 동시에 뱃살을 줄여준다는 새로운 가치를 제공하자 소비자들은 기꺼이 지갑을 열고 있다. 내가 지불하는 가격 대비 얻을 수 있는 가치가 많기 때문이다.

맥주뿐만이 아니다. 일본의 슈퍼마켓을 둘러보면 기억력에 도움이 되는 요구르트, 스트레스를 완화시켜주는 요구르트, 골밀도를 높여주는 요구르트, 자외선을 차단해 미백 효과가 있는 요구르트, 숙면에 도움이 되는 초콜릿, 부교감 신경을 활성화시켜 긴장 완화 효과가 있는 밀크티, 면역력을 높여주는 음료 등 최근 시장에 셀 수 없이 많은 제품이 봇물 터지듯 쏟아지고 있다.

미백 효과 요구르트, 면역력 강화 음료 등 기능성 음료
메이지 홈페이지(meiji.co.jp), 기린맥주 홈페이지(kirin.co.jp)

이렇듯 일본의 식품회사들은 코로나19 이후 변화된 소비자들의 니즈를 포착하고 이를 충족시켜줄 상품들을 열심히 만들어내고 있다. 코로나19가 엔데믹˙으로 전환되었지만 앞으로도 건강한 삶에 대한 니즈는 지속될 것이다. 이러한 영역을 관찰해보면 새로운 서비스나 상품에 대한 힌트를 얻을 수 있을 것이다.

● 엔데믹(Endemic): 종식되지 않고 주기적으로 발생하거나 풍토병으로 굳어진 감염병

아로마에 기능을 입혀 남성 고객에게 어필하다

　식품뿐만 아니라 다른 소비재에서도 기능성을 입혀 부가가치를 창출하는 경우를 볼 수 있다. 일본의 제약회사인 로토제약은 일반 의약품과 화장품을 생산하는 기업이다. 하지만 2019년 아로마 및 향수 분야에 진출, '벨에어 랩(BELAIR LAB)'이라는 브랜드를 설립했다. 제약회사로서 약을 통해 소비자들의 건강을 지원하고 있지만 향기로도 건강을 지원할 수 있다는 생각으로 아로마 사업에 진출한 것이다. 로토제약은 실험을 통해 천연 식물에서 추출한 성분을 기반으로 한 향을 맡으니 스트레스가 줄어들거나 정신이 안정되는 것을 확인했다. 향기는 의약품이 아니기에 효능을 단언할 수는 없지

어디서나 쉽게 휴대가 가능한 기능성 아로마
출처: 벨에어 랩 홈페이지(store.belairlab.com)

만 로토제약의 강점인 의학적 연구와 검증을 바탕으로 향을 만들어 소비자들의 건강을 지원할 수 있다고 생각했다.

여느 소비재 시장과 마찬가지로 아로마 및 향기 시장은 해외 브랜드를 포함한 수많은 업체가 경쟁하고 있는데, 로토제약은 향에 기능성을 부여해 제품을 차별화하고 있다. '아로마를 통해 긴장을 풀면 집중력이 높아진다', '수면의 질이 향상된다'와 같은 효능을 운동선수를 대상으로 검증하고 향을 맡았을 때 얻을 수 있는 혜택을 소비자들이 쉽게 알 수 있도록 전달하고 있다.

실제로 운동선수들에게 14일간 통제된 환경에서 3시간씩 특정 게임을 연습하게 한 뒤, 연습 공간에 아로마 향기가 있는 날과 없는 날의 선수들의 상태를 비교했다. 그 결과 일부 피실험자는 향기를 맡지 않았을 때보다 맡았을 때 피로 회복률이 높아졌고 수면 시간이 늘어났다. 로토제약은 향수를 취향에 따른 기호품이 아닌 기능성 제품으로써 소비자들에게 어필하고 있다.

한 가지 흥미로운 점은 이러한 기능성을 강조한 향수 제품은 여태까지 아로마에 관심이 없던 남성 고객들을 끌어들이는 계기가 되었다는 것이다. 제품의 사용 목적과 가치를 명확하게 어필함으로써 새로운 고객층으로 확장하는 효과를 누릴 수 있었다.

식품과 소비재를 불문하고 이러한 기능성 제품들은 기업 입장에서는 마케팅하기가 무척 좋다. 소비자들의 뇌리에 박힐 만한 캐치프레이즈를 만들기가 쉽기 때문이다.

"뱃살이 줄어드는 맥주"

"미백 효과가 있는 요구르트"

"집중력이 높아지는 향수"

이렇게 단 한 줄의 설명만 들어도 먹어보거나 사용해보고 싶지 않은가? 게다가 기능성 제품은 일반 식품에 비해 조금 가격이 높더라도 소비자들이 기꺼이 지갑을 열기 때문에 기업의 수익성에도 좋다. 이러한 캐치프레이즈를 만들 수 있는 것은 바로 시장을 촘촘하게 세분화하고 뾰족하게 타깃해 타깃 그룹의 고민을 해결해주기 때문이다.

저성장 시대의 새로운 블루오션, 저가 프리미엄 시장

저성장 시대, 코로나19 팬데믹이 엔데믹으로 전환되면서 전 세계적으로 인플레이션 국면을 맞이하게 되었다. 성장이 둔화되고 고물가가 이어지면서 소비자들은 더욱 허리띠를 졸라맨다. 하지만 누구나 가끔 사치하고 싶은 욕구가 있다. 이러한 소비자의 심리를 파고들어 탄생한 새로운 니치 시장인 '저가 프리미엄' 시장에 주목해볼 필요가 있다.

일본의 경제 전문지 〈니혼게이자이 신문(이후 '닛케이')〉이

2023년 6월, 향후 성장이 전망되는 '10대 트렌드 예측' 특집 기사를 다루었다. 챗GPT, 재생에너지 등 다양한 키워드 중에서 필자가 주목한 키워드는 바로 '저가 프리미엄'이다. 지금 소비 시장은 '초저가 시장'과 '프리미엄 시장'으로 양분화되어 있다. 저가 프리미엄 시장이란 저가 시장에 속하지만 여기에 기능을 더하거나 고급 재료를 사용해 가격을 올린, 즉 저가격 시장 내에서의 프리미엄 시장을 의미한다.

일본의 경우 장기간 저성장과 디플레이션이 지속되면서 저가 브랜드들이 세력을 확장, 소비 시장이 고급 시장과 저가 시장으로 극단적으로 양극화된 모습을 보인다. 하지만 평소에 저가 시장을 이용하는 사람도 가끔 사치하고 싶은 기분을 느낄 때가 있다. 절약하는 삶을 살지만 때로는 고급스러운 경험을 원할 경우, 이들을 위한 시장이 존재하지 않았다. 즉 저가 프리미엄 시장은 여태까지 비어 있는 경우가 많기에 기업들에게 블루오션이 되고 있다. 동시에 최근 시작된 인플레이션으로 인해 기업들은 가격을 인상할 수밖에 없다. 하지만 30년간 물가가 오르지 않는 상황에 익숙해진 일본 소비자들은 가격 인상에 대한 저항감이 상당히 높다. 이러한 상황에서 단순히 가격을 올리는 것이 아니라 부가가치를 더한 '저가 프리미엄' 제품 및 서비스를 만들어 소비자들이 높은 가격을 지불하도

● 니치(Niche) 시장: 유사한 기존 상품이 많지만 수요자가 요구하는 바로 그 상품이 없어서 공급이 틈새처럼 비어 있는 시장

일본의 저비용 항공사인 집에어의 풀 플랫 시트
출처: 집에어 홈페이지(zipair.net)

록 설득한다.

저가 프리미엄 시장의 좋은 예로 최근 국내 항공시장에서 주목받고 있는 에어프레미아(Air Premia)를 들 수 있다. 기존의 저비용 항공 시장은 저렴한 가격이 장점이지만 대부분 5~6시간 이내의 단거리 노선에 집중되었으며 소비자들은 좁은 좌석을 당연하게 받아들였다. 하지만 에어프레미아는 중장거리 노선을 전문적으로 운행하고 넓은 좌석을 제공하지만 대형 항공사 대비 20% 저렴한 항공요금을 받고 있다.

한국에 에어프레미아가 있다면 일본에는 비슷한 콘셉트의 집에어(ZIPAIR)가 등장했다. 집에어의 가장 큰 특징은 프리미엄 좌석으로 180도로 펼쳐지는 풀 플랫 시트를 사용하고 있다는 점이다. 좌석 간격 또한 107cm로 일반 저가 항공에 비해 넓으며, 일본 도쿄에서 미국 샌프란시스코까지의 요금도 최저 10만 엔(약 100만 원)부터 시작한다.

최근 다양한 산업에서 저가 프리미엄 업태가 등장하고 있다. 한국의 남성 전용 미용실인 블루클럽과 비슷한 콘셉트로 일본에는 큐비 하우스(QB House)라는 미용실 체인이 있다. 남자 고객을 대상으로 빠르고 저렴하게 이발 서비스를 제공하는 곳이다. 일본 미용실에서 헤어컷 서비스를 받으면 최소 3천~7천 엔(약 3만~7만 원) 정도에 달하는 반면 큐비 하우스는 1,350엔(약 1만 3천 원)이라는 저렴한 가격에 서비스를 제공한다. 머리를 감겨주거나 예약 및 스타일링과 같은 서비스를 대폭 줄임으로써 저렴한 가격을 실현했다.

이러한 큐비 하우스가 생략했던 서비스를 추가해 큐비 하우스 프리미엄(QB House Premium)이라는 브랜드를 만들었다. 큐비 하우스 프리미엄은 사전 예약이 가능하며 스타일링 서비스를 제공하면서 큐비 하우스보다 살짝 높은 1,800엔(약 1만 8천 원)의 요금을 받는다. 큐비 하우스의 매장은 10평에 3석 정도가 주류이지만 큐비 하우스 프리미엄은 20평에 4~5석 정도로 여유가 있어 편안한 느낌을 자아낸다. 시설에도 투자해 큐비 하우스에서는 사용할 수 없었던 신용카드와 와이파이를 사용할 수 있다. 헤어컷 서비스에 충실한 기존의 큐비 하우스에 만족하지만 가끔은 특정 미용사에게 스타일링 서비스를 받고 싶은 경우에 프리미엄 서비스를 이용한다.

일본에서 최근 인기를 끌고 있는 '스탠다드 프로덕트'도 성공한 저가 프리미엄 업태의 예다. 우리에게 100엔숍으로 유명한 '다이소

스탠다드 프로덕트 매장 전경
출처: 스탠다드 프로덕트 홈페이지(standardproducts.jp)

(DAISO)'를 운영하는 다이소산업은 2021년 '스탠다드 프로덕트 바이 다이소(Standard Products by DAISO)'라는 브랜드를 론칭했다. 이곳에서 판매하는 상품들은 100엔(약 1천 원)이 아닌 300엔(약 3천 원)이라는 가격대이며, 100엔 가격대를 중심으로 운영하는 다이소의 상품보다 디자인이 예쁘고 품질이 좋은 제품들이 주를 이룬다. 무인양품의 제품들이 연상되는 깔끔한 디자인과 제품의 높은 퀄리티로 여성 고객들에게 큰 인기를 끌며 시부야에 첫 점포를 연 이후 1년 만인 2023년 5월 말 기준, 57개까지 점포를 확장했다.

　스탠다드 프로덕트에서 판매하는 인기 상품을 몇 가지 살펴보자. 일본을 대표하는 고급 타월 브랜드인 이마바리 타월은 500엔(세금 포함 시 550엔), 지역 장인들과 협업해 만든 연필, 수첩, 아로마 오일 등 저가 잡화점에서 만나기 힘든 고품질의 제품들이 모두 500엔(약 5천 원)에 판매 중이다. 그중에서도 500엔의 디퓨저 코너는 여성 고객들의 발길이 끊이질 않는다. 향의 종류도 다양하고 용기 디자인도 인테리어 제품으로 손색이 없어 몇 개씩 장바구니에 담는 사람들이 눈에 띈다.

소비자들이 스탠다드 프로덕트의 제품을 선택하는 이유를 들어보자. "고품질로 유명한 이마바리의 타월을 500엔에 살 수 있다는 점, 800년 이상의 역사를 가진 세계 3대 칼 생산지 중 하나인 기후현 세키시(岐阜県 関市)의 주방칼을 1천 엔에 구입할 수 있어 좋습니다."라고 전한다. 비록 일반적인 다이소에서 살 수 있는 제품에 비해 가격은 비싸지만 가격을 지불할 충분한 가치가 있다고 생각하는 것이다. 도리어 몇 번 쓰고 버리는 100엔짜리 제품에 비해 오랫동안 사용할 수 있다는 점에서는 더욱 가성비가 좋은 제품이 될 수도 있다.

그러면 기업은 어떻게 이러한 제품들을 저렴한 가격에 제공할 수 있을까? 100엔숍인 다이소의 제품들과 함께 운송함으로써 물류비를 줄이거나 불필요한 포장지를 없앤다. 또한 제품의 색상 수를 제한하는 등 디자인에 들어가는 비용을 줄이는 노력을 통해 철저한 원가 절감을 실현한다.

저가 브랜드는 할 수 있는 데까지 가격을 낮추었기에 이익률이 낮다. 어느 정도 저가 가격 시장에서 인지도를 쌓은 브랜드들이 부가가치를 높이고 단가를 높임으로써 고객층을 넓히는 것은 자연스러운 흐름일지도 모른다. 저성장, 인구 감소, 고물가와 같은 결코 긍정적이지 않은 요인 속에서 기업은 가격 인상을 피할 수 없다. 하지만 단지 가격을 높이는 것으로는 소비자를 설득하기 힘들다. 기업이 찾은 해결책은 여태까지 없던 새로운 가치를 제공하고 가격을 올림으로써 소비자를 설득하는 것이다. 소비자 또한 조금 더 비용을 지불하더라도 좋은 품질의 물건을 사서 자신의 생활을 풍요롭게 만드는 것, 이것이 더욱 가성비가 좋은 소비행동이라고 인식한다. 이러한 점에서 앞으로 저가 프리미엄 시장은 확대될 여지가 있다고 본다.

시간에도 가성비가 있다, 타이파 소비

최근 동영상을 1.5배속 혹은 2배속으로 시청하는 사람들이 많다. 재생속도를 높임으로써 짧은 시간에 많은 정보를 입수할 수 있기 때문이다. 일본에서는 이렇게 시간을 중시하는 소비행동을 설명하는 단어인 '타이파'라는 용어까지 등장했다. 타이파는 타임 퍼포먼스(Time Performance)의 줄임말로 가성비를 의미하는 단어인 코스트 퍼포먼스(Cost Performance)의 머리글자인 코스트를 타임(시간)으로 바꾼 것이다. 코스파가 가성비를 의미한다면 타이파는 '시간 대비 효과' 또는 '시간 대비 성능', 굳이 용어를 만들어보자면 '시성비'라는 말을 사용할 수 있을 것이다.

코스파는 일본의 사전 출판사인 산세이도(Sanseido)가 선정하는 '올해의 신조어 2022' 대상에 선정되었으며, 사전에도 등재될 가능성이 있을 정도로 최근 많이 사용되는 단어다. 이는 타이파를 의식한 소비자들의 행동이 이미 만연해 있다는 증거다. 영화를 2배속으로 시청하거나 일부 내용은 건너뛰는 것, 책 전부를 읽지 않고 책 내용을 요약한 서비스를 이용하는 것 등을 타이파 소비라고 이해하면 될 것이다. 하지만 타이파 소비는 단지 콘텐츠 영역에만 국한되지 않는다. 할 일이 많고 볼거리가 넘쳐나는 지금, 어느 때보다 시간이 없다는 말을 입에 달고 사는 소비자들의 시간에 대한 욕구는 다양한 영역에서 발견할 수 있다. 그리고 소비자들의 이러한 니즈에 맞추어 기업들도 새로운 제품과 서비스를 만들고 있다.

10분 짬이 나면? 운동을 하세요

일본을 대표하는 경제지인 〈닛케이 트렌디〉는 매년 연말이면 다가올 새해에 히트가 예측되는 제품 및 서비스를 발표한다. 2022년 11월 〈닛케이 트렌디〉가 발표한 2023년 히트 예측 상품 1위는 '콘비니 짐'이었다. 콘비니 짐을 굳이 풀어서 설명하자면 '편의점 체육관'으로 우리가 일상에서 하루에도 몇 번씩 들르는 편의점같이 부담 없이 자주 들를 수 있는 피트니스 센터를 의미한다. 타이파 소비가 만연하는 지금 시간을 효율적으로 활용하고자 하는 소비자들에

옷을 갈아입을 필요 없는 피트니스 센터 초코잡
출처: 초코잡 홈페이지(chocozap.jp)

게 어필할 것으로 예상되어 히트 상품 1위의 자리를 차지했다.

콘비니 짐을 대표하는 업체는 퍼스널 트레이닝 센터를 운영하는 라이잡(RIZAP)이 2022년 새롭게 선보인 업태인 초코잡(chocoZAP, ちょこざっぷ)이라는 피트니스 센터다. 초코잡과 일반 피트니스 센터의 큰 차이점은 압도적으로 저렴한 가격이다. 초코잡은 365일 24시간 언제든지 이용할 수 있으며 월 이용료는 3,278엔(약 3만 2천 원)이다. 일본의 일반 피트니스 센터의 경우 월 1만~1만 5천 엔(약 10만~15만 원) 정도의 비용을 지불하니 초코잡은 5분의 1 정도의 가격에 이용이 가능한 것이다.

가격에 더해 초코잡의 가장 큰 특징은 신발이나 옷을 갈아입을 필요가 없다는 점이다. 많은 사람이 운동을 지속적으로 다니지 못하는 이유 중 하나는 피트니스 센터에 가기까지 심리적, 물리적 허들이 높기 때문이다. 귀가 후 신발과 옷을 챙겨서 집을 다시 나서는 행위가 귀찮게 느껴진다. 초코잡은 이러한 허들을 단번에 낮추어 일상에서 편의점을 가듯이, 커피를 마시듯이 부담 없이 들를 수 있는 피트니스 센터를 만들었다. 실제로 평일 저녁에 도쿄 시내의 한 초코잡 매장을 방문해보면 그곳에서 펼쳐지는 풍경은 일반 피트니스 센터와 사뭇 다르다. 회사원으로 보이는 정장 차림의 남녀들이 속속 들어와서 옷을 갈아입지 않은 채 그대로 근력 운동을 하고 5~10분 정도 지나면 퇴장한다.

운영에서도 초코잡은 일반 피트니스 센터와는 조금 다르다. 초코잡은 근력 운동 기구, 러닝 머신, 사이클 등 기본적인 기구만을 들여놓았다. 실제로 헬스장에서 사람들이 주로 이용하는 기구는 몇 개로 한정되어 있기 때문이다. 옷을 갈아입을 필요가 없기에 탈의실을 없애고 기구 수를 줄임으로써 공간을 절약해 회원비를 저렴하게 제공한다.

또 한 가지 특징은 셀프 에스테틱과 셀프 제모 기계를 설치해둔 점이다. 이는 피트니스 센터에 다니는 것에 대한 두려움이 있는, 한 번도 피트니스 센터를 가본 적이 없는 초보 여성 고객이 초코잡을 방문하는 계기를 제공한다. 굳이 운동을 하지 않더라도 셀프 에스테틱 기계를 이용하기 위해 등록을 한 고객들이 많다. 그리고 이들도 초

셀프 에스테틱 기계를 설치해 고객을 유치하는 초코잡
출처: 초코잡 홈페이지(chocozap.jp)

코잡 내에서 운동하는 사람들을 보면서 자연스럽게 '나도 한 번 러닝 머신을 이용해볼까', '나도 한 번 근력 운동을 해볼까'라고 생각하며 피트니스 시장에 진입하게 되는 것이다.

초코잡을 운영하는 라이잡은 일본에서 꽤 유명한 기업이다. '결과를 보장한다'는 모토를 전면에 내세우고 2개월간 철저한 식사 제한과 1:1 운동 프로그램을 제공함으로써 눈에 띌 만한 체형의 변화를 약속하는 곳이다. 2012년 시작한 라이잡의 퍼스널 트레이닝 센터는 35만 엔(약 350만 원)이 넘는 요금에도 불구하고 연 18만 명 이상이 이용했으며 만족도 또한 90%에 달한다. 이러한 라이잡이 돌연 기존 요금의 1%에 불과한 비즈니스 모델에 뛰어든 이유는 무엇일까?

"평소 운동을 하는 고객층에서 파이를 뺏어온다면 피트니스 센터 시장은 분명 레드오션입니다. 하지만 우리의 타깃은 운동을 거의 하지 않는 초보자입니다. 전국에 엄청난 숫자가 있기 때문에 분명 이는 블루오션이라고 판단했습니다."

_라이잡의 카마야 타카유키(鎌谷賢之) 이사

라이잡은 일본의 피트니스 시장이 아직도 성장할 여지가 충분하다고 보았다. 피트니스 업계 잡지인 〈피트니스 비즈니스〉의 조사에 따르면 일본의 피트니스 인구는 3.45%(2021년 조사 결과)에 불과하다. 미국은 피트니스 센터를 다니는 인구가 20%에 달한다는 점으로 미루어볼 때도 일본의 피트니스 센터 시장은 충분히 확대할 여지가 있다고 판단한 것이다. 약 3년에 걸친 코로나19로 인해 운동 부족을 느끼는 사람도 많다. 하지만 라이잡은 누구나 부담 없이 이용할 수 있는 서비스가 아니다. 2개월간 지불하는 약 35만 엔이라는 비용도 만만치 않을 뿐만 아니라 엄격한 식사 제한과 운동 프로그램에 대한 심리적 부담도 상당하다.

다이이치세이메이 경제연구소(第一生命経済研究所)가 2022년 9월 실시한 조사에서도 응답자의 73.7%가 운동의 필요성을 느끼고 있다고 답했다. 이에 더해 최근 타이파 소비에 대한 인식이 높아지면서 틈새 시간, 빈 시간에 할 수 있는 활동을 찾는 소비자들도 늘고 있다. 라이잡은 이러한 소비 트렌드를 고려할 때 금전적 장벽뿐만 아니라 시간적 장벽을 극단적으로 낮추면 수백만 명이 새롭게 피트니스 시장에 진입할 것이라 본 것이다.

여태까지 없던 새로운 피트니스 센터에 대한 고객들의 반응은 어떨까? 2022년 9월 새롭게 등장한 초코잡은 1년이 채 안 된 2023년 4월 말, 점포 수는 500개로 확대되고 회원 수 55만 명을 돌파하며 빠르게 성장하고 있다. 이러한 추세라면 연내 100만 명을 돌파하고 일본 내 최대 규모의 피트니스 센터인 '애니타임 피트니스(회원 수 약 74만 명)'를 넘어설 전망이다.

초코잡의 이러한 성공 뒤에는 고객의 니즈를 정확하게 파악하기 위한 치밀한 테스트 마케팅이 숨어 있다. 단지 기구 수를 줄이고 요금을 저렴하게 만드는 것이 아니라 운동 초보자들에게 이상적인 피트니스 센터를 제공하기 위해 초코잡은 47개의 매장을 위장으로 출점해 8개월에 걸쳐 테스트 마케팅을 실시했다. 이미 유명한 라이잡이라는 이름은 숨기고 'FIT PARK 24', 'FIT PLACE 24', 'ZAPAN' 등의 가짜 브랜드를 내건 점포들을 실제로 운영했다. 각각의 매장에 시설들을 각기 다르게 배치하고 요금 또한 올리거나 내리면서 고객의 반응을 살폈다. AI 카메라를 설치해 어떠한 기구가 얼마나 많이 사용되는지 분석하기도 했다. 이러한 과정을 통해 어떤 운동기구를 몇 대, 어디에 배치해야 초보자가 만족할 것인가 등 기본적인 점포의 포맷을 다듬어나갔다.

초코잡은 피트니스 센터 업계가 오랜 기간 고수해온 비즈니스 모델을 새로운 시각으로 바라보았다. 실제로 라이잡의 카마야 이사는 "경쟁 피트니스 업체를 보고 초코잡이 탄생한 것이 아닙니다."라고 말한다. 피트니스 센터에는 당연히 있어야 할 것이라고 여긴 샤워실과 사물함 등을 없애고 완전 무인 영업을 하는 것은 업계의 상식을 파괴하는 일이었다. 선입견 혹은 업계의 기존 상식에 의존하지 않고 오로지 데이터에 근거해 피트니스 센터의 기본 설계를 짠 것이다.

또한 디자인과 캐치프레이즈를 바꾼 약 500여 종의 전단지를 만들어 역 앞에 배치했으며, 인터넷 광고도 디자인을 바꾸어 약 4천여 종류를 준비해 곳곳에 게시하며 고객들의 반응을 살폈다. 이러한 테스트들을 지속적으로 진행한 결과물이 바로 에스테틱 기계의 설치다. 테스트 기간 중 전단지에 여성용 셀프 에스테틱, 셀프 제모 기계를 강력하게 어필하자 젊은 여성층의 매장 방문이 느는 것이 데이터로 입증된 것이다.

초코잡의 성공은 시간을 중시하는 소비자들의 심리를 이해하고 운동 초보자들의 심리적 허들을 위해 끊임없이 데이터를 수집하고 테스트한 과학의 결과물이라고 해도 과언이 아닐 것이다.

1시간 짬이 나면? 아르바이트를 합니다

단지 운동뿐만이 아니다. 잠깐 짬이 날 때 아르바이트나 독서를 하는 것도 생각해볼 수 있다. 플라이어(flier)는 한 권의 책을 10분 만에 읽을 수 있도록 요약해 제공하는 서비스다. 출퇴근 시간이나 휴식 시간 등 자투리 시간을 활용해 효율적으로 비즈니스 팁이나 스킬, 혹은 다양한 분야의 교양을 쌓고 싶은 직장인들이 주로 이용하고 있다. 코로나19 이후 이용자 수가 급증해 2022년 11월에는 누적 이용자 수 99만 명에 달했다. 타이파에 관심이 높은 30~40대가 주 이용자이며, 일반적인 비즈니스 서적의 독자층인 40~50대보다 10세 정도 젊은 것이 특징이다. 최근에는 직원들의 교육이나 복리 후생의 일환으로 플라이어를 도입하는 기업이 늘고 있다. 또한 동영상에 익숙한 Z세대를 위해 플러이어는 음성과 동영상 콘텐츠를 확충하고 있다.

긱 이코노미(Gig Economy)의 성장, 그리고 타이파를 중시하는

책을 요약해 제공하는 서비스 '플라이어'
출처: 플라이어 홈페이지(flierinc.com)

소비 심리가 확산되면서 한두 시간 틈새 시간을 활용해 아르바이트를 하려는 사람들도 늘고 있다. 단발성, 단시간, 단기간을 특징으로 계속적인 고용관계 없이 일하는 사람들을 '스팟워커(Spot Worker)'라고 부른다. 스팟워커가 늘고 동시에 인력 부족에 시달리는 기업들이 증가하면서 이들을 매칭해주는 플랫폼의 성장세 또한 빠르다. 일본의 스팟워크협회(スポットワーク協会)에 따르면 단시간 아르바이트를 매칭해주는 플랫폼에 등록한 회원은 2023년 5월 기준 약 1,070만 명으로 2020년 말 대비 2배 증가했다. 물론 중복 등록자도 많지만 이는 일본 국내 취업자의 15%에 달하는 규모다.

일본의 대표적인 중개업체인 타이미(Timee)는 단시간 아르바이트를 모집하는 기업과 틈나는 시간을 활용해 일하고 싶은 사람들을 매칭한다. 아르바이트생은 자투리 시간을 효율적으로 활용해 일할 수 있다는 장점이, 기업 입장에서는 성수기나 급한 시간대에 인력을 활용할 수 있다는 장점이 있다. 예를 들면 이자카야에서의 아르바이트 경험이 많은 대학생이 1시간 혹은 2시간 틈이 나면 타이미를 통해 이자카야 아르바이트를 구하는 것이다. 최근 일본에서는 '일손 부족'이 심각한 문제로 떠오르고 있으며, 특히 요식업에서는 직원을 구하는 것이 무척 어렵다. 동시에 아르바이트생 입장에서는 일하는 시간과 장소를 자유롭게 선택할 수 있다는 점이 매력적으로 작용한다.

흥미로운 점은 플랫폼에 등록한 1,070만 명 중 30~40%는 정규직으로 일하면서 부업으로 일하는 사람인 것으로 조사된다. 생계를 위해 일을 하는 것이 아니라 남는 시간을 효율적으로 활용해 추가적인 부수입을 올리고자 하는 수요가 3분의 1을 차지하고 있다. 원격근무의 확산으로 인한 틈새 시간 증가, 일손 부족에 시달리는 기업들로부터의 단기 일자리 급증, 단기 일자리를 찾기 쉬운 플랫폼 등장 등 스팟워커가 증가하는 이유는 다양하다. 이뿐만 아니라 지난 30년간 물가와 함께 월급이 오르지 않았던 일본의 직장인 중에는 2022년부터 불어닥친 고물가를 감당하지 못해 부수입을 올리려는 사람들도 늘고 있다. 저성장 및 고물가 시대, 스팟워커의 증가는 전 세계적으로 피할 수 없는 흐름이다.

여태까지 외출 시 잠깐 시간이 비는 경우 많은 사람이 카페나 서점에서 시간을 보냈다. 하지만 앞으로는 잠시 비는 5~10분 사이에 근육 트레이닝을 하거나 심지어 아르바이트를 하는 광경이 더욱 자주 발견될 것이다. 틈새 시간, 이곳에 새로운 비즈니스 찬스가 숨겨져 있다.

먹을 때도 시성비가 중요해, 완전영양식

정보 수집이나 콘텐츠에 있어서만 타이파를 고려한 서비스가 등장하는 것이 아니다. 식사에서도 시간 대비 효율성을 중시하는 타이파를 고려한 상품이 나오고 있다. 최근 일본에서 주목받고 있는 완전영양식(完全栄養食)이 대표적인 상품이다. 완전영양식이란 한 그릇 혹은 한 제품에 하루에 필요한 영양소가 빠짐없이 들어간 음식을 말한다. 일본에서는 일반적으로 후생노동성•이 책정한 기준에 따라 하루에 필요한 영양성분의 3분의 1을 섭취할 수 있는 식품을 완전영양식이라 부르고 있다.

완전영양식을 대표하는 제품으로 베이스 푸드(BASE FOOD)를 들 수 있다. 베이스 푸드가 만드는 베이스 브레드(BASE BREAD)는 일본인에게 부족하기 쉬운 칼슘, 비타민 등 하루치 영양소의 3분의 1이 들어간 빵으로 최근 편의점이나 슈퍼마켓에서 자주 만날 수 있다. 건강을 챙기고 싶지만 시간적 여유가 없는 20~40대 직장인이 타깃 고객이다.

식품 대기업들도 완전영양식 개발에 힘을 쏟고 있다. 특히 컵라면을 세상에 처음으로 선보인 닛신(Nissin)식품이 완전영양식을

● 후생노동성(厚生勞動省): 행정 사회 복지, 사회 보장, 공중위생의 향상과 증진, 그리고 노동 조건과 환경의 정비 및 일자리의 확충 따위를 관장하는 일본의 행정 기관

하루에 필요한 영양소 3분의 1이 들어간 완전영양식인 베이스 브레드

출처: 베이스 푸드 홈페이지(basefood.co.jp)

기업의 미래 사업으로 보고 개발에 전력을 다하고 있다. 컵라면은 1971년 출시된 이후 이제 우리의 식생활에 없어서는 안 될 제품이 되었다. 하지만 동시에 컵라면을 많이 먹으면 충분한 영양을 섭취하지 못하고 체중이 늘 것이라는 죄책감이 드는 것도 사실이다. 건강에 신경을 쓰는 소비자들이 늘면서 컵라면을 안 먹으려고 노력하는 사람들도 많아지고 있다. 이러한 상황에서 닛신식품은 역으로 '건강에 좋은 인스턴트 식품', '먹으면 먹을수록 건강해지는 컵라면'을 만들고자 한다.

이를 실현하기 위해 닛신식품이 꾸준히 연구를 진행하고 있는 분야가 완전영양식이다. 외형이나 맛은 그대로이지만 칼로리, 염분, 당분, 지방 등을 통제해 필요한 영양소를 모두 채우는 컵라면을 만드는 것이다. 닛신식품은 이미 자체적으로 돈가스, 오므라이스, 파스타 등 300가지 메뉴의 완전영양식을 완성했다고 전한다.

파스타의 경우는 비타민 13종, 미네랄 13종, 단백질 등이 들어 있어 한 그릇을 먹으면 하루에 필요한 영양소의 3분의 1의 섭취가 가능하도록 만들었다. 일반적으로 파스타 면은 영양소가 밖으로 빠져나가는데 이를 방지하기 위해 독자적인 기술까지 개발했다. 파스타 면을 삼중 구조로 만들어 제일 안쪽에 영양소를 넣어서 영양소가 빠져나가지 않도록 한 것이다. 닛신식품은 일이 바빠서 균형 잡힌 영양을 섭취하기 어려운 20~30대를 타깃으로 선정하고 있다. 하지만 컵라면을 완전영양식으로 만드는 것은 다른 메뉴에 비해 쉽지 않아 앞으로 약 3~5년 정도 시간이 더 걸릴 것으로 보인다.

닛신이 개발한 완전영양식
출처: 닛신식품 홈페이지(www.nissin.com)

    야노경제연구소에 따르면 일본의 완전영양식 규모는 2022년 144억 엔(약 1,440억 원)에서 2030년 546억 엔(약 5,460억 원)으로 약 3.8배 증가할 것으로 예측된다. 시장이 빠르게 성장할 것으로 예측하는 이유는 본업과 부업으로 할 일이 많고 각종 콘텐츠 구독 서비스 등으로 볼거리와 읽을거리가 넘쳐나는 지금, 시간은 무엇보다 중요한 자원이 되고 있기 때문이다. 게다가 완전영양식은 대표적인 타이파 소비 제품임과 동시에 가성비가 좋은 제품이기도 하다. 한 끼 제품으로 하루에 필요한 영양소를 대부분 섭취할 수 있다는 점에서 가성비를 중요시하는 소비자들의 심리도 만족시킬 수 있다.

    이 외에도 소비자들의 시간을 절약해주는 제품과 서비스가 우리 생활을 점령하고 있다. 식품 제조업체인 키코만은 소스가 담긴 봉지형 용기에 자른 고기를 넣고 전자레인지에 조리만 하면 되는 간편 식품을 해마다 늘리고 있다. 국내에서도 가정 간편식(HMR, Home Meal Replacement) 시장은 2016년 2조 2,700억 원에서 2022년 5조 원 규모로 2배 넘게 성장했다. 일본 최대 편의점 업체인 세븐일레븐 재팬은 인터넷 주문 접수 후 30분 이내로 배송할 수 있도록 새로운 배송망의 구축을 서두르고 있다.

물건과 서비스가 넘쳐나고 무엇이든 쉽게 구할 수 있는 편리한 사회에서 '시간'은 어쩌면 유일하게 남아 있는 사치일지도 모르겠다. 시간을 활용함에 있어서도 자신이 중요하게 생각하는 활동에 더욱 많은 시간을 쏟기 위해 다른 활동에의 시간을 줄이려는 패턴 또한 발견할 수 있다. 하루 24시간이라는 한정된 자원을 어떻게 효율적으로 활용할 수 있을까? 이 질문에 대한 해답을 제시할 수 있느냐 없느냐가 소비의 향방을 좌우하는 시대가 되고 있다.

Z세대는 왜 타이파 소비를 할까?

한 가지 흥미로운 점은 타이파를 중시하는 소비 행태가 1990년대 후반에서 2000년대 초반에 태어난 Z세대의 소비자들에게서 많이 발견되고 있다는 점이다. '타이파 소비'라는 말을 들으면 시간에 쫓기는 바쁜 직장인이 연상된다. 하지만 직장인뿐만 아니라 Z세대도 타이파 소비를 중시한다는 점에서 고개를 갸우뚱하게 된다. 그 이유는 무엇일까?

　타이파 소비를 하는 사람들은 공통적으로 '시간이 아깝다'라고 느낀다. 이 감각은 다시 크게 두 가지로 구분할 수 있다. '시간이 없어서 시간을 소중히 여기는 사람'과 '시간은 있지만 한정된 시간 내에 더 많은 것을 소비하고 즐기고 싶은 사람'이다. 첫 번째 그룹은 육아나 업무에 쫓기는 사람들로 중장년층에서 많이 찾아볼 수 있다. 두 번째 그룹은 일정 시간 내에 더 많은 것을 소비하고 싶은 니즈를 가진 계층으로 Z세대에서 많이 찾아볼 수 있다. 예를 들어 영화나 드라마는 2배속으로 보고 음악은 후렴만 듣는 등의 방법으로 한정된 시간을 최대한 활용하고자 한다.

　Z세대가 타이파 소비를 지향하게 된 원인으로는 디지털화, 그리고 이로 인한 가치관의 변화를 들 수 있다. 인터넷에는 정보가 넘쳐나고 어느 때보다 효율적인 정보 수집이 가능해졌다. 무엇이든 '합리적일수록 좋다'는 가치관이 퍼져나가고 있다. 또한 디지털 기술의 발달로 인해 행동 혹은 콘텐츠의 전환을 쉽게 만들었다. 음악을 예로 들어보자. 레코드판으로 음악을 감상할 때는 곡을 건너뛰기가 어려웠다. 그러다가 음악을 감상하는 방법이 CD로 바뀌면서 곡을 쉽게 넘길 수 있게 되었다. 그렇지만 다른 앨범을 듣기 위해서는 CD를 갈아 끼워야 했다. 하지만 지금은 어떠한가? 스트리밍 서비스를 통해 노래도, 앨범도, 가수도 순식간에 터치 한 번으로 바꿀 수 있다. 음악을 예로 들었지만 이는 비단 음악에만 한정된 이야기가 아니다. 디지털 구독 서비스를 통해 물건도 쉽게 바꿀 수 있는 세상

이 되었다.

이러한 세상에서 합리적이고 효율적인 소비를 추구하는 가치관이 확산되었다. 그리고 디지털이라는 기술은 이러한 가치관을 실행 가능하도록 만들었다. 특히 Z세대는 어릴 때부터 디지털 도구를 능숙하게 다루는 디지털 네이티브 세대로 다양한 제품과 서비스를 빠르게 전환하는 유연함을 자연스럽게 습득했다. 동시다발적으로 다양한 정보를 습득하고 처리하는 데 익숙하며 이러한 경향은 자연스럽게 타이파 소비를 중시하게 된다. 한정된 시간에 여러 콘텐츠를 습득하고 많은 일을 하기 위해서는 시간 대비 효율이 중요하게 된 것이다.

이들은 스마트폰으로 동영상을 보면서 동시에 PC로 게임을 하는 것이 당연하다. 왜냐면 시간이 없기 때문이다. 이러한 타이파 소비행동은 Z세대를 위한 마케팅에 활용할 수 있다. 예를 들어 짧은 동영상 콘텐츠를 활용해 기업을 홍보하는 것이다. 기업이 틱톡 계정을 개설하고 짧은 동영상을 올림으로써 Z세대를 중심으로 한 젊은 층에서의 인지도를 높일 수 있을 것이다.

타이파 소비를 이해하는 데 도움이 되는 또 하나의 소비 키워드는 바로 '리퀴드 소비'다. 리퀴드 소비란 영국의 경제학자인 플레라 바르디(Fleura Bardhi)와 지아나 에크하트(Giana M. Eckhardt)가 2017년 논문을 통해 제시한 개념으로, 순간순간 변화하고 어디로 갈지 예측하기 힘든 물의 성질을 소비 성향에 비유한 용어다. 리퀴드 소비는 세 가지 특징을 보이는데, 바로 일시성(Ephemerality), 접근성(Access), 비물질화(Dematerialization)다.

　우선 일시성은 소비자들의 가치관이 빠르게 바뀌고 상품 및 서비스의 인기가 빨리 식어버리는 현상을 의미한다. 접근성은 소비자들이 소유에 집착하지 않고 대여나 공유를 통해 물건이 제공하는 가치를 얻을 수 있으면 그것으로 충분하다고 생각하는 현상, 마지막으로 비물질화는 유형의 상품보다 무형의 경험을 중시하는 흐름을 의미한다. 이러한 리퀴드 소비는 다양한 제품과 콘텐츠를 그때그때 즐기고 싶어하는 타이파 중시 소비와 일맥상통한다. 사람들의 리퀴드 소비 성향이 높아지면서 자연스럽게 타이파를 지향하는 현상이 나타났다고 볼 수도 있다.

물건, 경험을 넘어 '순간 소비'로

　일본에서는 '모노(물건, モノ) 소비', '코토(경험, コト) 소비'라는 용어를 종종 들을 수 있다. 일본의 유명 광고회사인 하쿠호도(Hakuhodo)에서 운영하는 생활종합연구소(博報堂生活総研)는 1970~1980년대를 모노 소비의 시대, 1990~2010년까지를 코토 소비의 시대로 정의한다. 1970~1980년대 물건 소비의 시대는 소비자들이 새로운 물건을 소유하는 것에 가치를 두었다. 그러다가 물건이 넘쳐흐르고 공급 과잉이 시작된 1990년대부터는 새로운 경

험, 희귀한 체험이 가치가 되는 경험 소비의 시대가 되었다고 본다.

하쿠호도는 여기에서 그치지 않고 한 가지 더 새로운 개념을 제시했다. 바로 토키(とき, 時) 소비다. 토키란 '순간, 그 시간'을 의미한다(이하에서는 '순간 소비'로 의역해 표현). 순간 소비는 경험 소비의 일부라고도 볼 수 있지만 그 시점과 그 순간에만 맛볼 수 있는 경험에 초점을 맞춘다. 예를 들어 좋아하는 아이돌 그룹의 콘서트를 즐기는 것, 라이브 페스티벌에서 공연을 즐기면서 관객들이 함께 노래하고 춤추는 것, 핼러윈 기간에 분장을 하고 나가 모르는 사람과도 어울리며 함께 사진을 찍는 것, 이러한 경험들이 토키 소비의 예다.

이러한 것들은 단순히 체험에 그치지 않고 소비자들이 현장에 참여한 사람들과 함께 '그 순간(토키)'을 만들어가는 것이 특징이다. 하쿠호도는 물건, 경험을 넘어 이제 순간을 소비하는 방향으로 가고 있다고 보고 있다. 소비자들의 '그때, 그곳에서만 느낄 수 있는 경험과 재미'를 즐기고 싶은 욕구가 커지고 있다고 분석해 이를 '토키(순간) 소비'라고 이름 붙인 것이다.

순간 소비의 가장 큰 특징은 '비재현성'이다. 즉 그 순간을 놓치면 다시는 동일한 즐거움이나 감동을 느낄 수 없다는 점이 기존의 경험 소비와 다른 점이다. 또 한 가지 특징은 불특정 다수가 경험과 감동을 공유하는 '참여성'으로 그 장소에서 다른 사람들과의 교류와 공감을 중요히 여긴다. 예를 들어 일본의 한 뮤지션은 전국 투어 콘서트를 진행할 때 그 공연장에서만 살 수 있는 하루 한정 굿즈를 판매한다. 각 공연장에서 어떤 물건이 판매되는지는 비밀로 해서 팬들의 기대감을 높인다. 이러한 굿즈를 사기 위해 여러 공연장을 모두 방문하는 팬들이 있을 정도로 굿즈의 매진 행렬이 이어지고 있다. 굿즈라는 물건에 지금 여기서만 살 수 있는 비재현성을 넣어 단순한 굿즈가 아닌 순간 소비를 만든 사례다.

일본의 줌 메시(Zoom Meshi)라는 온라인 다이닝 서비스도 비슷한 맥락에서 이해할 수 있다. 줌 메시는 각 가정이 같은 음식점에서 식재료를 주문해 정해진 날짜와 시간에 맞춰 요리 후 식사를 하는 모임이다. 흥미로운 점은 식사에 요리사나 식재료의 생산자가 화상으로 함께 참여해 요리 및 재료의 역사 등에 대해 해설한다는 것이다. 평소에 요리사나 생산자와 함께 식사하는 경우는 매우 드물다. 줌 메시는 온라인의 장점을 활용해 요리사, 생산자, 소비자가 함께 접속해 특별한 순간을 공유할 수 있도록 해서 경험 소비를 순간 소비로 변신시켰다.

특히 Z세대에게 순간 소비를 즐기려는 경향이 강하게 나타나고 있다. 하쿠호도 생활연구소는 순간 소비와 관련된 소비자 행동을 이해하기 위해 설문조사를 실시했다. '같은 취미를 가진 사람들이 모이는 이벤트에 참여한 경험이 있는가'라는 질문에 20~60대 전체 응답자의 28%가 참여 경험이 있다고 답한 반면, 20대로만 한정하면 38%가 참여 경험이 있다고 밝혔다. '좋아하는 아이돌이나 그룹의 교류회에 참가한 적이 있는지' 혹은 '좋아하는 콘텐츠를 테마로 한 장소나 점포를 방문한 적이 있는지'와 같은 순간 소비를 대변하는 행동에 대해서 물은 결과 모든 영역에서 20대의 참여율이 높게 나왔다. 경험 소비가 대세가 된 2000년대 이후에 태어난 Z세대는 물건이 아닌 체험에 가치를 두는 것을 당연하게 여긴다. 여기서 한 발 더 나아가 '그 순간'에만 즐길 수 있는 체험을 통해 자신의 경험을 다른 사람들과 차별화하고자 한다.

기업은 앞으로 마케팅할 때 타이파 소비, 순간 소비처럼 시간의 가치를 고려하는 관점을 가질 필요가 있다. 특히 콘텐츠가 범람하는 환경에서 자란 Z세대는 자신이 귀찮게 여기거나 관심 없는 일에 쓰는 시간을 최대한 줄이고 하고 싶은 일에 시간을 할애하려는 경향이 강하게 보인다. 앞으로 마케팅에서 '비용'이라는 축뿐만 아니라 '시간'이라는 축에 주목해보자. 소비자에게 선택받는 상품과 서비스가 탄생할지도 모른다.

공간의 가성비,
욕조와 주방이 없는 집에 사는 젊은이들

최근 일본에서는 코스파, 타이파에 이어 공간의 효율성을 의미하는 '스페파(스페이스 퍼포먼스, Space Performance)'라는 신조어까지 등장했다. 퍼포먼스, 즉 성능을 중시하는 소비 심리가 가격을 넘어 시간과 공간으로 확장되고 있는 것이다. 그도 그럴 것이 일본 내 아파트 평균 면적은 10년 전에 비해 10% 정도 작아진 반면, 원재료 상승으로 인해 부동산 가격은 올라가고 있다.

이는 우리가 겪은 코로나19와도 무관하지 않다. 집에서 지내는 시간이 길어지면서 소비자들은 공간의 중요성을 피부로 느끼게 되었다. 비록 엔데믹 시대로 접어들었지만 재택근무 혹은 일주일에 2~3번은 집에서 일하는 하이브리드식 근무를 하는 사람들이 늘었다. 특히 집이 작기로 유명한 일본에서는 '더 넓은 공간=비용'이라는 인식이 강하게 자리 잡고 있다. 공간 또한 가성비라는 관점으로 판단하는 사람들이 늘면서 공간을 효율적으로 활용할 수 있는 제품들이 인기를 끌고 있다.

집에서 캠핑용품을 사용합니다

도쿄에 사는 한 회사원인 A씨의 원룸을 들여다보자. 이전에는 30m^2(약 9평)의 방에 살다가 20m^2(약 6평)의 방으로 이사 왔지만 도리어 지금이 더 깔끔하고 살기 편한 느낌이라고 전한다. 집 안에 가구라고 부를 만한 것은 업무용 책상과 의자, 침대, 그리고 지갑 등의 소품을 놓을 수 있는 수납장뿐이다. 부족한 가구는 캠핑용품을 이용한다. 영화를 보며 쉬고 싶을 때는 아웃도어용 테이블과 의자를 펴고, 추운 겨울에는 이불 대신 침낭을 이용한다. 이러한 제품들은 사용하지 않을 때는 접어서 수납이 가능하기에 공간을 차지하지 않는다.

A씨가 가구 대신 구입한 캠핑용품은 총 6만 엔(약 60만 원) 정도다. 가구를 전부 구입하는 것보다 비용도 저렴하고, 휴일에 야외로 나가 캠핑을 즐길 수도 있다. A씨는 이러한 생활이 '비용 절감(코스파)뿐만 아니라 공간 절감(스페파)까지 가능한 일석이조의 생활'이라

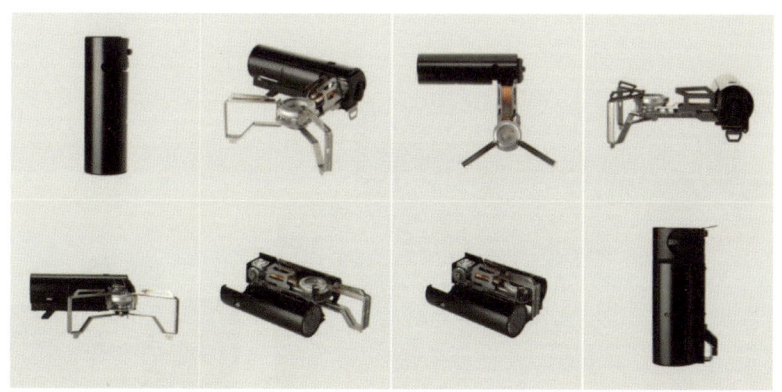

스노우피크의 홈&캠프 버너
출처: 스노우피크 홈페이지(snowpeak.co.jp)

며 만족하고 있다.

코로나19 기간 중 캠핑용품으로 사용하는 접이식 의자나 테이블을 집 안에서 사용하기 위해 구입하는 사람이 늘었다. 공간에 대한 가성비를 따지는 소비자들의 행동에 주목한 아웃도어 브랜드들은 집 안에서 즐길 수 있는 캠핑용품 개발에 힘을 쏟고 있다. 스노우피크(Snow Peak)는 캠핑용품을 집 안에서 사용하는 다양한 방법을 선보이고 있다. 대표적인 예가 홈&캠프 버너(Home&Camp Burner)다. 크기 약 25cm, 무게 1.4kg의 초경량 제품으로 불이 나오는 화로의 다리를 접어서 가스통에 넣을 수 있도록 만들었다. 공간을 차지하지 않을 뿐만 아니라 수납하기 쉬우며 휴대가 용이한 버너다. 스노우피크는 이 버너를 캠핑장뿐만 아니라 집의 주방에서 사용하는 모습을 SNS를 통해서 보여주며 소비자들에게 '집에서도 사용하는 캠핑용품'으로 어필하고 있다. 2019년 7월에 출시된 홈&

공기를 빼면 접어서 보관이 가능한 콜맨의 소파
출처: 콜맨 재팬 홈페이지(coleman.co.jp)

캠프 버너가 6~7개월 만에 4만 5천 대 이상 판매되었다고 하니 이러한 마케팅이 성공적이었다고 볼 수 있다.

아웃도어 제품을 생산하는 콜맨(Coleman)도 실내에서 사용할 수 있도록 만든 콤팩트한 캠핑용품의 출시를 확대하고 있다. 대표적인 것은 공기를 주입하는 것만으로 사용할 수 있는 2인용 소파인 '에어 카우치 더블'이다. 집에서도 사용할 것을 고려해 몸이 너무 푹 꺼지지 않는 착석감을 계산해 개발했으며 소파를 사용하지 않을 때 공기를 빼고 접으면 토드백 크기로 줄어든다.

집 안에 숨겨진 공간을 활용할 수 있는 제품도 인기다. 스마트 배스매트(Smart Bath Mat)는 욕실 앞의 매트와 체중계를 하나로 만

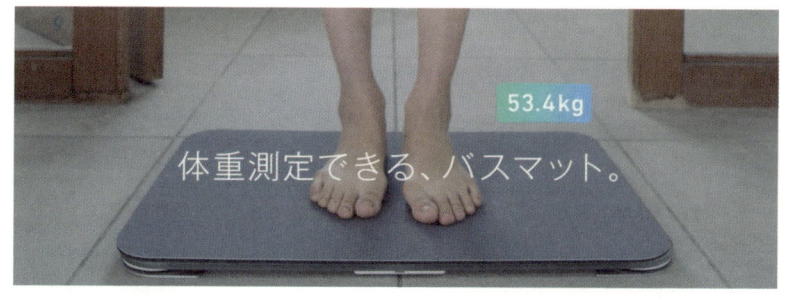

스마트 배스매트
출처: 스마트 배스매트 홈페이지(issin.cc)

든 제품이다. 샤워 후 욕실에서 나와서 발을 닦기만 하면 체중뿐만 아니라 BMI 지수 등의 데이터가 스마트폰으로 전송된다. 체중계를 따로 밖에 내어둘 필요가 없어 공간을 절약할 수 있다.

공간의 가성비를 따지는 것은 집 안 용품에만 국한되지 않는다. 전기 오토바이를 제조하는 스타트업 아이코마(ICOMA)가 개발한 타타메루 바이크(タタメルバイク, 타타메루는 '접다'라는 의미)는 이름이 의미하는 그대로 '접는 바이크'다. 도쿄에서는 자동차 및 오토바이를 주차하는 데도 비용이 든다. 자기 소유의 아파트에 거주해도 월 1만~3만 엔(약 10만~30만 원) 정도의 주차비를 따로 지불해야 할 정도로 바이크나 자동차를 보유하는 것은 비용적인 면에서 부담이 된다. 타타메루 바이크는 주차장을 사용하지 않아도 자신만의 이동수단을 가지고 싶은 사람들을 겨냥한 제품으로, 접으면 책상 밑에 들어갈 수 있는 여행용 가방 정도의 크기로 실내에 보관할 수 있다.

일본 아파트의 주거 면적은 2011년부터 10년간 약 10% 작아

접어서 보관이 가능한 작은 크기의 오토바이
출처: 아이코마 홈페이지(icoma.co.jp)

져 64.7m²를 기록했다. 출산율 저하에 따라 가족 구성원이 줄어든 원인도 있지만 건축 자재 및 인건비의 증가가 주된 원인이다. 높아지는 물가에 넓은 공간을 가지는 것이 쉽지 않다. 하지만 넓은 공간에서 쾌적하게 지내고 싶은 욕구는 모두가 가지고 있기에 소비자들은 한정된 예산과 자원으로 공간을 가장 효율적으로 활용할 수 있는 방법을 찾고 있다.

협소 주택에 사는 이유, 미니멀리즘의 실현

최근 일본에서는 협소 주택, 즉 3평 정도의 아주 작은 임대 물건이 늘고 있다. 이러한 물건의 가장 큰 장점은 도심 내 교통이 편리한 곳에 위치한 것에 비해 임대료가 저렴하다는 것이다. 하지만 협소 주택을 선택하는 이유는 단지 비용만이 아니다. '불필요한 것은 갖지 않고 살아간다'는 삶의 가치관과도 연결되어 있다.

협소 주택은 대체로 도심 내 역에서 가까운 곳에 위치하며 방 한 칸의 면적은 3평(약 10㎡)이다. 도쿄 내 원룸형 아파트가 보통 8평(약 26㎡)에서 9평(약 30㎡) 정도의 크기이니 3분의 1 정도밖에 안 되는 매우 좁은 방이다. 방에는 화장실과 세면대, 샤워실이 있는 정도이며, 많은 경우 로프트 형식으로 사다리를 타고 올라가서 다락방에서 잠을 잔다. 임대료는 위치나 물건의 내용에 따라 다르지만 가구당 월 5만~8만 엔(약 50만~80만 원) 정도다. 도심에 있는 일반 원룸이 월 10만 엔(약 100만 원) 전후인 것을 감안하면 저렴하다고 할 수 있다. 또 허름한 아파트가 아니라 처음부터 협소 주택으로 기획된 신축 건물이 대부분이라는 점도 인기의 요인이다.

그렇다면 협소 주택에 살면 어떤 장점이 있을까? 가장 큰 장점은 임대료뿐만 아니라 생활비를 전반적으로 줄일 수 있다는 점이다. 생활비의 대부분을 차지하는 것은 월세 외에 수도광열비다. 하지만 협소 주택은 방이 워낙 좁기 때문에 기본적으로 냉난방기구를 켜면 금방 시원해지고 따뜻해진다. 전등도 몇 군데만 설치되어 있어 전기료도 절약할 수 있다. 일본 대부분의 집에 설치되어 있는 욕조 또한 물을 받아 두면 가스비와 수도비가 많이 들기에 욕조는 두지 않고 샤워로 충분하다.

또한 요즘 TV를 보지 않고 대부분 스마트폰으로 정보를 얻고 콘

협소 주택 전경
출처: 스피리타스 홈페이지(spilytus.co.jp)

텐츠를 소비하기 때문에 TV가 필요 없다. 영화나 드라마도 넷플릭스만 있으면 충분하다. 책이나 만화책도 공간을 차지하는 물건인데 요즘은 모두 전자책으로 나와 있어 태블릿PC로 읽으면 되기에 책장도 필요 없고 그만큼 공간을 확보할 수 있다.

가스레인지도 필요 없다. 식사는 편의점 음식 혹은 배달 서비스를 활용해 충분히 해결 가능하다. 음식을 데울 수 있는 전자레인지만 있으면 된다. 세탁 또한 동네의 코인 세탁소를 이용하면 세탁기를 살 필요도 없다. 비용도 절약되고 공간도 절약된다. 가장 곤란한 것은 옷이다. 많은 젊은이가 평상시 입는 옷의 수를 줄이고 벽걸이나 간단한 이동식 옷걸이를 사용한다. 가끔 특별한 행사나 결혼식에 입을 옷은 빌리면 된다. 일본에서는 의류 구독 서비스 또한 발달해 있기에 크게 불편함을 못 느낀다.

방이 좁기 때문에 청소도 간단하다. 협소 주택 중 일부는 아예 샤워 공간이 없는 곳도 있다. 일본은 대중목욕탕이 많으므로 근처의 목욕탕을 이용하거나 헬스장을 다니는 사람은 헬스장에 설치된 샤워실 및 사우나를 이용하면 편하다.

협소 주택의 입주자는 대부분 20~30대의 청년들이다. 이들은 월급이 오르지 않는 상황에서 최대한 생활비를 줄이고 합리적으로 사는 것을 당연하게 여기고 있다. 많은 경우 결혼을 하면 협소 주택을 떠난다. 하지만 결혼이 당연한 것으로 여겨지지 않는 요즘, 협소 주택에 사는 사람들의 임대 기간이 길어지는 경향을 보이고 있다.

물론 임대료가 저렴한 것은 당연하지만 '단지 싸다'는 이유만으로 협소 주택을 선택하는 것은 아니다. 이들 중에는 쓸데없는 지출을 최대한 줄이고 자신이 쓰고 싶은 곳에 돈을 효율적으로 쓰고 싶다는 가치관을 가진 이들이 많다. 동시에 구독 경제, 공유 경제 서비스가 확산되면서 이러한 라이프스타일의 실현이 쉬워졌다.

목욕탕 없는 집에 사는 이유, 지역과 연결되다

협소 주택의 확산과 비슷한 이유로 최근 주목받는 조금 색다른 임대 물건이 있다. 목욕탕 혹은 주방 등 특정 기능을 담당하는 공간을 없앤 집이다. '목욕탕 혹은 주방이 없는데 어떻게 살 수 있을까?'라는 생각이 들지도 모르겠다. 이들 또한 단지 월급이 오르지 않는 저성장 시대에 월세를 줄이기 위해 특정 기능이 빠진 집을 선택한 것이 아니다. 비용 측면도 고려하지만 '미니멀리즘'이라는 라이프스타일의 가치관을 실현하는 사람들의 이야기다.

젊은이들에게 인기 있는 거리인 도쿄의 코엔지(高円寺). 상점가에서 가까운 오래된 목조 아파트의 방 3개는 지난 10년간 모두 빈집으로 남아 있었다. 하지만 최근 이곳에 입주자가 들어오기 시작했다. 이 방들이 빈집으로 남았던 이유는 욕실은 있지만 욕실에 물이 나오지 않았기 때문이다. 즉 목욕탕이 없는 집이었다. 하지만 왜 목욕탕이 없는 집에 살기로 결정한 것일까? 한 입주자의 말에서 그

고스기유 대중탕 이용권을 제공하는 유파트 야마자키
출처: 고스기유 홈페이지(kosugiyu.co.jp)

힌트를 얻을 수 있다.

"임대료에 목욕탕 이용권이 포함된 조금 특이한 아파트였어요."

이 아파트는 2022년 명칭을 '유파트 야마자키(湯パートやまざき, 湯는 목욕탕을 의미)'로 변경하며 임대료 6만 엔(약 60만 원)에 1개월분의 목욕탕 이용권을 포함시켰다. 그 후 인터넷에 광고했더니 방 3개를 모집하는데 20~30대를 중심으로 약 50명 정도가 문의했고 빠르게 입주자를 찾을 수 있었다. 마침 이 아파트에서 걸어서 5분 거리에 유명한 대중목욕탕이 자리잡고 있다. 목욕탕 건물 자체가 유형문화재로 등록된 '고스기유(小杉湯)'라는 대중탕이다. 한 입

주자는 목욕탕에 가서 동네 주민을 만날 기회를 얻고 잠깐 인사를 나누며 잡담을 하는 소소한 재미를 느낄 수 있는 것이 목욕탕 없는 방의 장점이라고 전한다. 단지 목욕탕을 대신할 대중탕을 제공하는 것을 넘어 세입자끼리, 그리고 지역 주민과 연결될 수 있다는 장점이 젊은 층에 어필된 것이다.

목욕탕이 없는 치명적인 단점을 도리어 매력으로 승화시킨 시도를 한 곳은 고스기유 목욕탕 옆에 거점을 두고 있는 벤처기업인 '센토구라시(銭湯ぐらし)'다. 센토는 '대중목욕탕'을 의미하고 구라시는 '생활, 삶'을 의미한다. 즉 회사의 이름 자체가 '목욕탕이 있는 삶'이라는 의미다. 이곳의 2층에는 코워킹 스페이스가 있고 1층에는 카페가 있는데, 회사 내 이러한 시설을 만든 이유가 있다.

"우리가 하고 있는 것은 마을 전체를 집이라고 생각하고 마을을 만드는 것입니다. 고스기유가 마을의 목욕탕이라면 이곳(카페, 코워킹 스페이스)은 마을의 부엌이나 서재입니다. 그리고 유파트 아파트가 마을의 침실인 것이죠."

즉 시야를 확장해 마을 전체를 하나의 집이라는 개념으로 접근한 것이다. 이러한 새로운 발상으로 고스기유는 목욕탕이 없는 오래된 아파트에 새로운 매력을 더했다.

이번에는 장소를 이동해 도쿄 스미다구의 한 맨션(아파트)인 파크 악시스 킨시쵸 스타일즈(PARK AXIS KINSHICHO STYLES)를 방문

파크 악시스 킨시쵸 스타일즈의 공용공간
출처: 파크 악시스 홈페이지(mitsui-chintai.co.jp/resident/original/pax_kinshicho_styles)

해보자. 이 맨션의 방들은 약 16.6m² (약 5평)의 크기로 침실과 화장실, 샤워실이 전부이며 주방은 없다. 한 입주자는 "넓은 공간은 필요없어요. 이곳에 살면 정말 편리합니다."라고 감상을 전한다. 주방이 없는데 무엇이 그렇게 편리한 것일까?

엘리베이터를 타고 1층으로 가보자. 1층은 공용공간으로 워킹 스페이스, 서재, 조리 기구 및 식기가 완비된 쉐어 주방, 그리고 식당이 있다. 식당에서는 주말을 제외하고 1일 2식을 제공하며 식비는 월 1만 엔(약 10만 원)으로 저렴한 편이다. 무료로 이용할 수 있는 세탁기가 있으며 가구 구독업체와 연계해 간편하게 청소기, 다리미 등의 가전제품을 무료로 빌릴 수 있다. 자전거도 무료 렌탈이 가능하기에 방에서 사용할 침대와 책상 정도만 있으면 된다. 즉 프라이버시는 지킬 수 있는 자신만의 공간은 만들지만 구독 서비스나 렌탈 서비스를 활용해 보완이 가능한 기능은 전부 공용공간에 집합시킨 것이다.

해당 물건을 운영하는 미쓰이물산 레지덴셜 임대주택사업부(三井不動産レジデンシャル賃貸住宅事業部)는 "사람들의 생활과 일하는 방식이 다양해지고 있습니다. 새로운 요구에 맞춰 앞으로도 진화된 주거 형태를 선보일 것입니다."라고 전한다. 우리의 라이프스타일이 다양해지고 있으며 우리 삶에 '공유'라는 개념 또한 점점 더 많이 도입되고 있다. 그러다 보니 '모든 기능이 다 집 안에 완비되어 있어야만 할까?'라는 의문이 자연스럽게 든다. 특히 공간이라는 가치가 어느 때보다 비싼 지금, 일부 활동은 밖에서 해결함으로써 자신만의 공간을 확보하려는 소비자들의 노력이 엿보인다.

지갑이 얇아진 소비자들이 집어드는 상품을 만드는 법

"내가 지불하는 가격 대비 가치를 얻을 수 있을 것인가."

저성장, 고물가 시대를 살아가는 소비자들은 이러한 마인드를 장착하고 있다. 동일한 기능과 품질을 보증하면서 가격을 낮추는 것, 이러한 정공법 또한 소비자들이 지갑을 열게 하는 방법 중 하나지만 이를 실현하는 것이 쉽지 않다. 제품 가격이 낮아지면서 품질이 함께 낮아지는 경우가 많기 때문이다. 품질을 유지하면서 가격을 낮추기 위해서는 끊임없이 운영을 개선해야 한다. 단돈 1원이라도 원가를 줄이기 위한 아이디어와 이를 실행하기 위한 노하우가 필요하다.

이러한 정공법으로 소비자들에게 가치를 제공하는, 즉 놀랄 만한 저렴한 가격에 기능성 충실한 상품을 제공해 소비자들의 마음을 사로잡는 브랜드가 있다. 바로 '워크맨(WORKMAN)'이다. 기능성 제품을 저렴한 가격으로 제공하는 워크맨의 비밀은 무엇일까? 점점 까다롭게 가성비를 따지는 소비자들이 지갑을 활짝 열게 만드는 비법은 무엇일까?

고기능, 저가격으로 아웃도어의 블루오션을 개척

워크맨은 높은 기능성과 저가격을 무기로 일본의 작업복 시장에서 부동의 1위를 차지하는 브랜드다. 하지만 2008년 금융위기 이후 건설경기가 침체되고 작업복 시장 자체가 축소하면서 새로운 시장을 개척할 필요성을 느끼게 된다.

워크맨은 작업 인부들이 워크맨의 작업복을 평상복으로도 애용하며 일반인 중에서도 워크맨의 옷을 착용하는 사람이 늘기 시작한 점에 주목했다. 예를 들어 건설현장 등 야외에서 작업을 하는 사람들을 위해 만든 비옷이 낚시 애호가들 사이에서 화제가 되었는데, 전문 매장에서는 2만 엔(약 20만 원) 넘는 가격에 팔던 방수옷이 워크맨에서는 6천 엔(약 6만 원) 대에 구입할 수 있기 때문이다. 바닥이 미끄러운 주방에서 신도록 만든 신발은 임신부들 사이에서 인기

기능성 웨어를 낮은 가격에 제공하며 새로운 시장을 개척한 워크맨
출처: 워크맨 홈페이지(workman.co.jp)

를 끌었고, 발수 가공 의류는 케첩 및 요리 소스가 묻어도 옷에 젖지 않고 흘러내리는 기능으로 입소문을 탔다.

　워크맨은 이러한 소비자들의 행동을 포착하고 발 빠르게 반응했다. 방수 및 발수 기능이 높은 작업용 비옷을 일반인도 입을 수 있도록 컬러풀하고 스포티한 디자인으로 바꾸어 판매를 시작했다. 그러자 오토바이를 즐기는 사람들과 낚시 애호가들 사이에 제품의 기능성이 입소문 나면서 누적 판매량 100만 벌을 기록했다.

　이러한 성공에 힘입어 워크맨은 일반인 대상의 새로운 브랜드인 '워크맨 플러스(Workman Plus)'를 2018년 9월에 출시했다.

새롭게 상품을 만든 것은 아니다. 이미 워크맨이 가지고 있던 약 1,700개의 품목 중에서 일반 고객에게도 팔릴 것 같은 약 300개의 품목을 추출하고, 제품의 진열 방식과 점포 내 분위기를 일반 고객 대상으로 바꾸었을 뿐이다.

이전까지 아웃도어 웨어는 고기능, 고가격대의 브랜드들이 시장을 점유하고 있었다. 하지만 워크맨은 높은 기능성은 유지하면서 저렴한 가격으로 제품을 제공함으로써 경쟁자가 없는 블루오션 시장을 개척했다. 높은 기능성에 만족한 소비자들이 SNS에 입소문을 냈으며, 워크맨은 별다른 광고를 하지 않았음에도 고객들이 몰려들기 시작했다.

특히 워크맨은 코로나19 팬데믹이 터진 2020년, 패션업계가 전반적으로 실적이 급락하고 일부 기업은 도산하는 와중에서도 매출과 이익이 상승하는 저력을 보였다. 매출은 2016년 496억 엔(약 5천억 원)에서 꾸준히 상승, 2023년 1,283억 엔(약 1조 3천억 원, 2023년 3월 결산 기준)을 달성했다. 영업이익 또한 2016년 17.8%에서 지속적으로 성장, 2022년 24.8%를 기록했다. 일본을 대표하는 어패럴 회사들의 영업이익률이 10% 미만인 데 비해 워크맨은 업계 평균 2배에 달하는 이익을 남기고 있다. 더욱 놀라운 사실은 코로나19가 확산되고 많은 리테일 점포가 영업을 중단한 2020년 4~6월에도 워크맨의 영업이익은 2019년 대비 30.5% 상승했다는 것이다.

타사가 따라하기 힘든 저가격에도 불구하고 업계 평균 2배의 이익을 내는 워크맨의 힘은 어디서 나오는 것일까? 고정비를 극한까지 낮춘 워크맨의 초효율 경영의 비법을 알아보자.

워크맨의 초효율 경영 비법

워크맨은 매출액 대비 고정비 비율이 낮다. 2020년 기준, 워크맨의 고정비 비율은 14.6%다. 특히 고정비 중에서 인건비가 차지하는 비율은 3%로 일본 국내 소매업 전체 평균인 11%의 3분의 1에도 못 미치는 수준이다. 이는 점포의 96%가 프랜차이즈로 운영되기 때문에 가능하다. 점포의 인건비를 프랜차이즈 오너가 부담하고 있어 본사의 인건비 비중을 대폭 줄일 수 있다.

실제로 워크맨은 조직이 매우 가볍다. 직원 326명이 약 1조 원의 매출을 올린다. 특이하게도 사내에 디자이너도 없다. 작업복은 원래 디자인보다 기능성이 강조된 제품이기에 워크맨은 디자이너를 별도로 두지 않는다. 하지만 최근 일반인 대상으로 시장을 확대하면서 디자인 중요도가 높아지자 디자이너 채용 대신 외부 전문가들과 협업해(이들을 '워크맨 앰버서더'라고 부른다) 피드백을 받는다.

또한 워크맨은 도심에는 매장을 두지 않는다. 워크맨 플러스, 여성 고객을 타깃으로 한 워크맨 걸(Workman Girl)이 인기가 높아지면서 일부 매장은 도심부에서 운영하기 시작했지만 기본적으로 사람이 많이 몰리는 땅 값이 비싼 곳에는 출점을 억제하는 것이 기본 전략이다. 대로변에서 한 발자국 더 들어가야 있는 곳에 출점함으로써 렌트비를 낮춘다. 눈에 잘 띄는 곳에 점포를 내지 않아도 제품의 품질이 워낙 좋고 가격이 저렴하다 보니 고객들이 알아서 찾아온다.

워크맨은 "원가가 싸면 싸게 파는 것은 당연하다. 우리는 원가가 높아져도 같은 가격에 판다. 한 번 정한 판매가격은 절대 바꾸지 않는다."를 철칙으로 삼는다. 업계를 막론하고 많은 회사가 제조원가를 계산하고, 거기에 이익을 붙여서 판매가격을 정한다. 그러나 워크맨은 우선 판매가격부터 정한다. 그리고 그 가격대에서 어떠한 기능까지 실현 가능할지를 고민한다.

워크맨은 중국을 비롯해 미얀마, 태국, 방글라데시의 약 20개 공장과 거래를 하는데 한 공장과 장기 계약을 맺지 않는다. 한 번 발주하면 공장 측은 내년에도 또 발주해줄 것이라고 생각하고 느슨해지기 쉽다는 점을 감안해 워크맨은 해마다 거래하고 있는 모든 공장에 견적을 의뢰한다. 그리고 제시받은 가격과 공장의 강약점을 파악해 가장 조건이 좋은 곳과 계약을 한다. 효율성을 고려한다면 계속 같은 공장에 발주하는 것이 좋지만 워크맨은 일부러 매년 새롭게 견적을 의뢰한다. 일부러 다음 해의 계약을 보증하지 않는 것으로 공장은 위기감을 가지고 워크맨의 제품을 꼼꼼히 생산한다.

워크맨 성장의 숨은 공신, 워크맨 앰버서더

　워크맨은 2018년 9월 일반인 대상의 '워크맨 플러스', 2020년 10월 여성 고객 대상의 '워크맨 걸', 2022년 5월 신발 전문점 '워크맨 슈즈', 그리고 2022년 2월에는 캠핑용품, 2022년 가을에는 골프웨어까지 선보였다. 워크맨은 작업복을 넘어 다른 기능성 제품의 카테고리로 사업을 지속적으로 확장했으며 이를 모두 성공시켰다.
　여기에는 성공의 숨은 공신, 워크맨 앰버서더(Workman Ambassador)라고 불리는 협력자가 존재한다. 앞서 언급한 것처럼 워크맨은 사내에 디자이너를 두지 않고 대신 앰버서더의 힘을 빌린다. 2022년 대히트를 기록한 워크맨의 캠핑용품을 예로 들어 워크맨 앰버서더가 어떠한 역할을 하는지 조금 더 자세히 살펴보자.
　워크맨의 캠핑용품은 출시되자마자 약 130개 품목, 40억 엔(약 400억 원)어치의 물량이 완판되었다. 4,900엔(약 4만 9천 원)이라는 놀라운 가격의 1인용 텐트 또한 출시 후 준비한 물량 1만 개가 빠르게 매진되는 저력을 보였다. 많은 이가 기능성 소재에 강점이 있는 워크맨의 캠핑용품 진출에서의 성공을 예견했다. 하지만 아무리 오랜 기간 기능성 웨어를 생산해온 워크맨이라 해도 여태까지 만들어본 적 없는 캠핑용품을 만드는 것이 쉬웠을까? 캠핑도구에 대한 지식, 캠핑을 즐기는 소비자 행동에 대한 이해가 뒷받침되지 않는다면 아무리 가성비 좋은 제품이라도 소비자들에게 선택받지 못할

4,900엔에 판매되고 있는 워크맨의 1인용 텐트
출처: 워크맨 홈페이지(workman.co.jp)

수 있다.

물론 워크맨 캠핑용품 성공의 가장 큰 원인은 가격이다. '초보자용 5종 세트'는 텐트(4,900엔), 침낭(1,500엔), LED 랜턴(780엔), 캠핑 체어(1,780엔), 알루미늄 테이블(980엔) 5개의 제품으로 구성되어 있는데, 이를 1만 엔(약 10만 원) 이하로 구입할 수 있다. 하지만 가격이 전부는 아니다. 저렴한 가격임에도 불구하고 캠핑족들의 니즈를 저격한 기능을 알차게 넣었다. 그리고 캠핑용품 130개 품목의 약 3분의 1에 해당하는 43개의 상품이 앰버서더와의 공동개발이었다. 워크맨의 츠치야 전무는 "SNS에서 팔로워를 거느린 워크맨 앰버서더는 매일 소비자들과 직접 소통하고 있습니다. 우리가 1천 명의 소비자를 모아 조사하는 것보다 사용자들의 니즈를 숙지하고 있는 앰버서더의 목소리를 듣는 편이 트렌드를 파악하기 쉽습니다."라고 말했다.

워크맨은 디자이너를 두지 않는 대신 관련 업계에서 영향력 있는 인플루언서를 찾아 의견을 구하고 샘플을 만든 후 다시 이들의 의견을 반영해 수정하는 작업을 반복해 제품을 완성한다. 특히 경험이 부족한 장르의 상품을 개발할 때 앰버서더의 목소리는 큰 힘이 된다. 캠핑용품의 책임자는 리더 1년 차였지만, 앰버서더의 의견을 도입함으로써 새롭게 도전하는 영역에서 상품력을 높일 수 있었다고 전한다.

예를 들어보자. '우메노의 여행(うめののたび)'이라는 유튜브 채널을 운영하는 우메노 씨는 2,900엔(약 2만 9천 원)의 대용량 배낭을 캠핑용 가방으로 개선하기 위해 함께 작업했다. 소품을 부착하는 끈, 추가 포켓, 본체를 완전히 열 수 있는 지퍼 등 수납의 용이성을 높여 4,900엔(약 4만 9천 원)의 신상품으로 변신시켰다.

또 다른 앰버서더를 만나보자. 도쿄 우에노에 위치한 워크맨의 본사에는 캠프 관련 유튜버인 '사이토우 부부(さいとう夫婦)'가 정기적으로 방문한다. 이들 또한 워크맨 앰버서더라고 불리는 협력자로 캠핑 슈즈의 개발회의에 참가한다. "지금보다 더 방수력을 올려주었으면 한다." "여성도 신고 싶어지는 화려한 색상도 추가하자." 등 담당자와 의견을 교환하고 워크맨은 이를 바로 샘플에 반영한다.

앰버서더의 의견으로 나온 제품 중 하나는 290엔(약 2,900원) 가격의 캐노피 연장 폴이다. 4,900엔짜리 1인용 텐트의 캐노피 폴에 연결하면 차양의 높이를 18cm 늘릴 수 있는 부속품이다. 텐트 개발에 참여한 앰버서더 중 한 명이 캐노피 폴의 길이를 늘려줄 부속

앰버서더의 의견을 반영하여 탄생한 캐노피 연장 폴
출처: 워크맨 홈페이지(workman.co.jp)

품이 필요하다고 강하게 요청해 상품화했고, 막상 텐트가 출시되고 보니 놀라울 정도로 많이 팔렸다.

 이렇듯 오랜 시간 캠핑을 즐기고 캠핑에 식견이 있는 인플루언서와의 협업을 통해 상품개발 담당자가 생각지 못한 소비자들의 니즈를 발견한다. 워크맨이 직접 개발한 PB상품이 전체 매출에서 차지하는 비율은 2022년 62%로 5년 전의 2.4배에 이른다. 그리고 이러한 PB상품 개발의 숨은 공신은 바로 앰버서더인 것이다.

 현재 판매하고 있는 PB상품 중 앰버서더가 참여해 개발한 상품은 3분의 1에 달하는데, 워크맨은 이를 2024년까지 50%로 늘릴 계획이다. 앰버서더도 현재 50명에서 100명으로 2배 늘린다. 여태까지 워크맨의 PB상품은 가능한 많은 사람에게 받아들여질 수 있는 점을 중시해 좋게 말하면 심플한, 나쁘게 말하면 특징 없는 수수한 상품이 많았다. 하지만 앞으로는 앰버서더의 의견을 더욱 적극적으로 받아들여 워크맨 자신들이 만들기 쉽지 않은 디자인을 통해 상품력을 끌어올릴 생각이다.

기존 카테고리의 상품력을 높이는 것뿐만 아니라 새로운 분야의 진출에도 앰버서더를 활용한다. 워크맨이 출시한 골프웨어 또한 앰버서더의 조언을 바탕으로 개발했다. 유명 골프 유튜버 '나오유키(NAOYUKI)'와 함께 2023년 출시된 골프웨어를 만들었다.

워크맨이 앰버서더를 활용함에는 몇 가지 원칙이 있다. 첫째, 앰버서더의 불만도 칭찬만큼 고맙게 여기고 경청한다. 상품을 칭찬해준다면 물론 홍보에 도움은 되겠지만 문제점을 엄격하게 지적해주는 것이 상품력을 끌어 올리는 데 도움이 된다고 믿기 때문이다. '워크맨에서 사면 안 되는 상품'이라는 동영상을 올린 앰버서더도 있다. 츠치야 전무는 "객관적인 의견을 발신해주어야 소비자들이 받아들입니다. 상품에 대한 장점뿐만 아니라 불만도 전달하는 인플루언서일수록 신뢰도가 높아집니다."라며 중립적인 의견을 전달하는 것의 중요성을 강조한다.

둘째, 앰버서더는 무상으로 의견을 전달한다. 보수를 지급받는 구조라면 앰버서더는 광고를 해야 한다는 책임감을 느끼게 되고 중립성을 가지기 어렵기 때문이다. 보수 없이 대등한 입장에서 의견을 나누는 것이 서로에게 유익하며, 진심으로 워크맨 브랜드에 열정을 가진 사람이 앰버서더로 와줄 것이라는 생각이다.

대신 앰버서더는 보도자료가 나오기 이전에 가장 먼저 신상품이나 상품 샘플을 제공받는다. 새로운 정보를 빠르게 전달함으로써 이들은 팔로워를 늘리거나 혹은 기존의 팔로워에게 어필할 수 있다. 앰버서더가 한 분야에 깊은 식견을 가지고 있으면 팔로워들과의 소통이 활발해지고 커뮤니티에 열기가 넘친다. 앰버서더가 개발에 관여한 상품을 팔로워들이 사줄 확률 또한 높아진다. SNS의 영향력이 막강한 시대, 워크맨은 앰버서더를 영리하게 활용함으로써 제품 개발과 홍보의 두 마리 토끼를 잡고 있다.

제품 개발에는 아낌없이 투자한다

워크맨은 디자이너는 없지만 제품 개발에는 아낌없이 투자한다. '봉제 방식을 조금만 바꿔도 생산효율이 올라간다. 한편 정해진 판매가격을 실현하기 위해 필요 없는 기능은 생략할 수 있다'라는 각오로 원단뿐만 아니라 실 하나하나까지 직접 개발해 원가 절감을 실현한다.

최근 발매된 다운재킷은 발수력이 있는 특수한 폴리에스테르를 사용함으로써 집에서 세탁해도 재킷 모양이 그대로 보존되도록 만들었다. 또 '리페어텍(Repair-Tec)'이라고 하는 자기 회복 능력이 있는 자체 개발한 원단을 사용하고 있다. 재킷에 작은 구멍이 나도 손으로 문지르면 원단이 복구되는 기능이다. 이러한 기능을 가진 다운재킷을 3,900엔(약 4만 원)이라는 가격에 판매 가능한 이유는 자체적으로 개발한 원단과 특수 가공 기술을 사용했기 때문이다.

새로운 원단을 찾기 위해 해외 전시회에도 분주히 다닌다. 이름이 알려지지 않았지만 품질이 높은 소재를 발견해 적용하면 제품 원가를 크게 낮출 수 있기 때문이다. 또한 타사 제품의 연구도 게을리 하지 않는다.

이렇듯 워크맨의 성공은 하루아침에 이루어진 것이 아니다. 조직을 최대한 슬림하게 운영하는 대신 모든 자원을 연구 개발에 집중한다. 1엔, 2엔이라도 원가를 줄이기 위한 극한의 노력을 끊임없이 시행한다. 워크맨은 앞서 언급한 워크맨 앰버서더에게 보수를 지불하지 않는다. 공장과도 장기 계약을 하지 않는다. 이러한 움직임은 업계의 상식을 깨는 듯 보이지만 워크맨은 기본에 가장 충실한 기업이다. 고객이 만족할 만한 기능의 상품을 최대한 저렴하게 생산하고 판매한다.

코로나19에서 벗어나 한숨 트였지만 고물가에 시달리고 있으며 당분간 불황이 지속될 것으로 예견한다. 소비자들은 브랜드파워가 있는 명품이 아닌 이상 가성비를 철저하게 따져가며 구입할 것이다. 이러한 비즈니스의 기본에 충실한 기업, 즉 가격에 비해 더 큰 가치를 제공하는 기업은 불황에도 소비자들의 선택을 받을 것이다.

Tokyo Trend Insight

2장

Z세대,
이유가 있어야
소비를 한다

Tokyo Trend

Z세대(Generation Z)는 1995~2010년 사이에 태어난 이들을 말하며, 일본 인구에서 Z세대가 차지하는 비중은 약 14%(약 1,700만 명)에 달한다. Z세대의 특징은 어릴 적부터 첨단 기술과 디지털을 접해왔기 때문에 인터넷에 익숙한 디지털 네이티브 세대, 스마트폰 네이티브 세대라는 점이다.

최근 Z세대가 주목받는 이유는 몇 가지가 있다. 첫째, Z세대는 5년 후부터 앞으로 30년간 일본 소비의 주요 타깃이 될 세대라는 점이다. 둘째, Z세대는 다른 세대에 비해 SNS 이용률이 높고 압도적인 발신력과 정보 확산력을 가지고 있다. Z세대에서 유행한 물건이나 콘텐츠가 일본 전체 트렌드로 번진 사례도 여러 번 있었다. 애니메이션 〈귀멸의 칼날〉이나 한국 드라마

〈이태원 클라스〉가 그 대표적인 예다. 이러한 이유로 Z세대가 향후 구매 행동에 큰 변화를 가져올 중요한 존재이며, Z세대를 이해하려는 시도들이 진행되고 있다.

SNS 네이티브 세대인 Z세대는 온라인에서 연결되는 관계에 거부감이 없으며 다양한 사람과 연결되어 교류하는 것이 자연스럽고 자유로운 가치관을 가졌다. 또한 SNS에서 자신의 취미와 취향을 드러내기를 즐긴다. 개성을 중시하는 시대적 배경 속에서 살아온 Z세대는 '소비'를 통해 자신의 개성을 어필할 필요성을 느낀다. 이는 스몰 매스 시장•의 확산으로도 이어진다.

이는 전 세계 Z세대의 공통점이다. 다만 일본의 Z세대는 조금 다른 점이 있다. Z세대가 태어날 때부터 일본은 경기 침체가 계속되었다. 세계 경제에서 일본이 차지하는 GDP의 비중은 내려가고, 인구는 감소하는 한편 고령자의 비율은 증가했다. 비정규 고용의 비율이 증가하며 월급과 물가가 오르는 것을 경험해본 적이 없는 세대다. 그렇기에 장래를 불안하게 느끼는 젊은이들의 비율이 높다는 특징을 보인다.

일본과 한국의 Z세대가 100% 동일한 취향을 가지고 있다고 말할 수는 없을 것이다. 하지만 '디지털 네이티브'라는 공통분모를 가진 일본의 Z세대

● 스몰 매스 시장(Small Mass Market): 대다수는 아니지만 일정한 규모의 시장이 예상되는 시장

의 소비행동을 살펴보는 것은 Z세대라는 새로운 인류를 이해하는 데 도움이 될 것이다. 최근 미국과 유럽의 리서치 및 컨설팅 업계에서도 앞으로의 소비 주역이 될 Z세대에 대해 분석한 리포트를 다수 발간하고 있다. 일본에서도 Z세대의 소비 행태를 연구하는 연구소들이 속속 등장하고 있다. 이들 중 일부는 Z세대를 이해하기 위해서는 Z세대에게 직접 물어보는 수밖에 없다는 생각을 배경으로 Z세대와 정기적으로 대담회를 열고 그들의 소비행동과 트렌드를 분석한다.

이들이 Z세대로부터 들은 이야기를 살펴보면 Z세대를 넘어 전반적인 소비 트렌드의 배경을 이해하는 데 도움이 된다. 예를 들어 최근 일본 백화점들이 힘을 쏟고 있는 D2C 브랜드를 모아 놓은 전시형 매장인, 소위 '물건을 팔지 않는 점포'라고도 불리는 리테일이 왜 인기가 있는지, 앞 장에서 언급한 시간을 중시하는 타이파를 고려한 소비행동 등을 이해하는 단초를 제공한다.

물론 기성세대는 이해하기 힘든 Z세대만의 독자적인 가치관과 트렌드도 있다. 술자리는 돈이 아깝다는 생각으로 참가하지 않는 반면 자신이 좋아하는 취미생활이나 아이돌을 응원하기 위한 소비에는 너그럽다. 이들에게 있어 아이돌을 응원하는 행위는 소비가 아닌 '투자'이기 때문이다. 빚을 내서라도 자신이 좋아하는 고가의 카메라를 구입하는데, 그 이유는 하루라도 빨리 소비를 시작하는 것이 가성비가 좋다는 감각 때문이다.

이러한 Z세대의 소비 패턴을 들여다보면 이들은 목적, 이유, 의미가 있을 때만 지갑을 연다는 사실을 발견할 수 있다. 기업은 어떻게 해야 Z세대가 소비를 할 '이유'를 만들 수 있을 것인가? 자, 이제 일본의 Z세대를 만나 그들의 이야기를 들어보자.

술자리는 가성비가 안 좋아, Z세대가 돈과 시간을 쓰는 법

"술자리는 가성비가 좋지 않아 참가하지 않아요."
"오시카츠(推し活)에는 월 2만 엔 정도를 사용하고 있어요."

Z세대에 해당하는 일본의 한 20대 초반 여성의 의견이다. 이들이 말하는 오시카츠는 무엇일까? 오시카츠는 아이돌, 애니메이션 캐릭터, 배우 등 자기가 좋아하는 대상을 응원하는 활동을 의미한다. 일본어로 '오시(推し)'는 사람이나 물건을 밀어준다, 추천한다는 의미가 있으며, '카츠(活)'는 활동을 의미하는 말이다. 한 조사에 따르면 일본 Z세대의 약 80%가 어떠한 형태로든 오시카츠를 한다는 데이터가 있을 정도로 Z세대에 있어 오시카츠는 빠질 수 없는 문화

현상으로 자리 잡았다.

자신이 좋아하는 아이돌을 응원하기 위해 굿즈 등을 구입하는, 소위 오시카츠에는 아낌없이 돈을 쓰면서 술자리는 가성비가 좋지 않다고 피하는 Z세대의 모습을 기성세대는 이해하기 힘들지도 모르겠다. 하지만 Z세대는 나름의 명확한 가치관과 기준을 가지고 소비를 하고 있다.

일본의 Z세대의 소비행동을 대변하는 말로 '메리하리 소비'를 자주 들을 수 있다. 메리하리(メリハリ)는 느슨함과 팽팽함, 늦춤과 당김을 한데 이르는 말이다. 즉 메리하리 소비란 자신만의 기준을 가지고 의미 있다고 생각하는 곳에는 지출을 하지만 자신이 중요하게 여기지 않는 영역에는 소비를 철저하게 줄이는 행태를 의미한다. 국내에서도 수백만 원짜리 명품을 구입하기 위해 초저가의 편의점 도시락으로 끼니를 때우는 소비행동을 쉽게 관찰할 수 있다.

이러한 메리하리 소비는 앞으로 설명할 Z세대의 가성비 중시, 타이파 소비와도 연관이 깊다. 상품과 정보가 넘쳐나는 시대다. 자신이 가치를 느끼는 물건과 일에 시간과 돈을 투자하지 않으면, 즉 소비에서도 선택과 집중을 하지 않으면 휩쓸리기 마련이다. Z세대는 내가 어떠한 곳에 시간과 돈을 투자할 것인지 확실하게 기준을 정한 후 소비하는 모습을 보인다.

Z세대가 가성비를 따지는 법, 일할 계산

 명품 브랜드와 SPA 브랜드를 섞어 입는 모습은 더 이상 특별한 일이 아니다. 원하는 브랜드의 가방을 사기 위해 아르바이트를 하고 저렴한 도시락을 먹는다. 자신이 가치 있다고 생각하는 곳에는 아낌없이 지갑을 연다. '이들은 어떠한 잣대로 소비할 대상을 결정하는 것일까?' 'Z세대에게 가성비가 좋다는 것은 어떤 의미일까?' 하는 질문이 자연스럽게 떠오른다.

 Z세대와의 좌담회, 정기적인 설문조사 등을 통해 Z세대의 의식을 조사하고 마케팅을 지원하는 리서치 센터인 '시부야 109 랩(Shibuya 109 lab)'의 조사 결과를 잠시 살펴보자. Z세대에게 가성비란 '저렴한 가격'뿐만 아니라 '한 번 사면 오래 쓸 수 있고 오래 즐길 수 있는 것'이라는 결과가 흥미롭다. "가격이 저렴한 것은 물론 가성비가 좋다고 생각하지만 오래 쓸 수 있는 물건이라면 가격이 조금 비싸더라도 구매해요. 매일 매일 소중하게 사용하는 물건이라면 그 편이 가성비가 좋거든요."라는 의견이었다.

 같은 맥락에서 최근 Z세대와의 대화에서 자주 등장하는 단어 중 하나는 '일할 계산'이다. 이는 제품의 가격을 단지 비싸다 혹은 싸다로 생각하는 것이 아니라 실제로 내가 사용할 일수를 계산해 제품의 가치를 결정하는 것이다. 일할 계산이라는 프레임을 통해, 다시 말해 조금 비싸더라도 오래 사용할 수 있다면 가성비가 좋다고 판단한다. 즉 Z세대도 가성비에 민감하게 반응하지만 이들이 생각하는 가성비는 기성세대의 가성비와 정의가 조금 다를 뿐이다. Z세대에게 일할 계산은 상당히 중요한 개념이라고 할 수 있다.

"인스타그램이나 인터넷에서 보고 사고 싶었던 것을 실제로 가서 사는 경우가 많아요. 빨리 사는 게 오래 쓸 수 있어서 좋습니다. 일할 계산을 하면 더 싸게 산 셈이 되거든요."

심지어 원하는 물건은 대출을 받아서라도 그때그때 사겠다고 말하는 Z세대도 있었다.

"돈에 대한 불안감보다는 기회를 놓치고 싶지 않다는 마음이 더 커요. 얼마 전 고가의 카메라를 대출을 받아 구입했는데, 나중에 미뤘다가 사는 것보다 지금 사는 것이 일할 계산으로 생각하면 더 싸다고 생각했어요. 사고 싶다는 생각이 들었을 때 바로 사서 일찍부터 사용하는 편이 심리적으로 후회하지 않아요."

이들은 물건이 제공하는 효용을 누릴 수 있는 기회를 잃는 것도 손실이라고 생각한다. 자신이 가치를 느끼는 물건, 자신의 마음을 풍요롭게 해주는 물건이라면 돈을 쓰지 않는 것이 손해라는 생각이다. 같은 맥락에서 자신이 좋아하는 경험 혹은 체험을 얻기 위한 소비는 단순히 돈을 쓰는 것이 아닌 투자라는 생각이 강하다. "생활비와 취미생활에 쓰는 돈은 따로 구분해서 생각하고 있습니다. 식비나 미용실 비용 등 생활비는 철저하게 절약하지만 취미로 보는 연극은 추가 요금을 내고 좋은 좌석을 고르는 등 아낌없이 투자합니다."라는 의견도 있었다.

Z세대의 돈에 대한 가치관을 조사한 리포트들을 읽어보면 '소비의 지갑'과 '투자의 지갑'을 의식적으로 구분하고 있다는 점을 알 수 있다. 소비의 지갑은 단기적인 욕구를 해소할 때 사용하는 지갑으로 적극적으로 가격을 비교해 저렴하고 가성비 좋은 물건을 찾아 소비한다. 반면 투자의 지갑은 장기적으로 봤을 때 자신의 경험이나 라이프스타일에 가치를 부여할 수 있는 것에 소비한다. 예를 들어 Z세대는 오시카츠도 소비의 지갑이 아닌 투자의 지갑으로 바라보고 있다. "좋아하는 아이돌의 공연 티켓값을 아껴서 미묘한 만족감을 얻는 것보다는 모처럼의 기회이기에 좋은 자리에 앉아서 만족감을 극대화하고 싶어요."라든지 "오시카츠는 굳이 매달 가계부에 입력하지 않아요. 이건 투자니까요."라고 말하는 Z세대도 있었다.

또 한 가지 흥미로운 점은 Z세대는 '시간과 돈을 낭비하고 싶지 않다', '쇼핑에 있어 실패를 피하고 싶다'라는 마음이 강한 세대라는 것이다. 이에 따라 쇼핑을 하기 전에 SNS로 필요한 정보를 얻기 위해 시간을 사용한다. 비슷한 맥락으로 옷을 구매할 때도 체형 진단 혹은 퍼스널 컬러 진단 등을 통해 자신에게 어울리는 옷을 구입하는 Z세대가 늘고 있다. 원래 체형 진단은 백화점에서 중장년층 고객을 대상으로 제공하던 서비스였는데, 지금은 젊은 사람들이 몰려

퍼스널 스타일링 진단 서비스를 제공하는 공간 '니아우 라보'
출처: 니아우 라보 홈페이지(niaulab.com)

들고 있다고 한다. 쇼핑에서 실패하고 싶지 않다는 마음이 강하기 때문에 이러한 진단에 관심을 가지게 된 것이다. 자신을 잘 알고 쇼핑하면 쇼핑에 실패할 확률이 낮아지기 때문에 체형 및 퍼스널 컬러 진단에 사용하는 비용은 투자가 된다.

쇼핑에 있어 실패를 피하고 싶다는 Z세대의 심리를 활용한 사례가 일본 최대의 패션 온라인 쇼핑몰인 조조타운(ZOZO TOWN)이 만든 첫 오프라인 점포 '니아우 라보(Niaulab)'다. 이곳은 의류는 판매하지 않고 고객에게 의류를 제안하는 것을 주된 목적으로 하는 공간이다. 1인당 무려 2시간에 걸쳐 퍼스널 스타일링 서비스를 무료로 제공하고 있다. 조조타운이 모은 1,300만 건이 넘는 데이터를 바탕으로 구축한 AI를 활용함과 동시에 전문 스타일리스트가 상주해 고객에게 어울릴 만한 코디를 세 가지 패턴으로 제안한다. 조조타운이 제안한 옷을 입은 상태에서 헤어와 메이크업 서비스를 받고 사진 촬영도 가능하다.

판매를 목적으로 하는 매장이 아니기 때문에 고객은 구매에 대한 부담 없이 2시간을 온전히 즐길 수 있다. 만약 원하는 상품이 있다면 상품 정보가 담긴 QR코드를 경유해 온라인에서 구매한다. 고객은 집에 돌아갈 때 스타일링 포인트를 적은 카드와 현장에서 전문 사진사가 찍은 프로필 사진을 받는다. 개인화된 스타일링 서비스를 제공함으로써 상품을 판매하는 것이 아닌 '어울림'을 찾아주는 것이다.

이러한 서비스를 통해 조조타운이 목적하는 바는 의류 구입을 필요에 의한 소비가 아니라 자신의 기분을 좋게 하고 자신을 멋지게 보이게 만드는 투자라는 느낌이 들도록 만드는 것이다. 조조타운에서의 쇼핑을 소비의 지갑이 아니라 투자의 지갑으로 인식하도록 하는 것이다.

Z세대를 타깃으로 하는 비즈니스는 이들의 '투자의 지갑'을 얼마나 열 수 있느냐가 성공의 관건이 될 것이다. 그러기 위해서는 Z세대의 삶을 풍요롭게 해줄 수 있는 서비스나 경험이 포함된 브랜드의 체험 설계가 더욱 중요해질 것 같다.

Z세대는 왜 콘텐츠를 2배속으로 시청할까?

앞 장에서 살펴본 시간의 가성비인 타이파, Z세대는 타이파 소비를 꽤 중시하고 있다. 왜 Z세대에게 이러한 특성이 보이는 것일까? 그들은 시간을 어떻게 활용하고 있는 것일까?

지금의 Z세대는 어느 때보다 바쁜 세대다. 학교 공부, 동아리 활동, 아르바이트, 취미생활, 그리고 친구들과의 시간도 중요하다. 쇼핑에 실패하지 않기 위해 SNS에서 정보를 수집하는 것도 중요하고, 좋아하는 크리에이터의 동영상도 시청한다. 최근 넷플릭스에서 화제가 되는 드라마를 보는 시간도 필요하다. 하고 싶은 것, 보고 싶은 것, 봐야 할 것이 넘치는 세상이다.

특히 Z세대는 콘텐츠의 과포화 상태에 놓여 있다. 태어날 때부터 인터넷이 존재하는 그들은 원하는 정보에 언제든 쉽게 접근할 수 있고, AI 알고리즘이 자신의 관심사에 맞춰 정보를 제공해주기에 봐야 할 것이 넘치는 상황이다. 최근에는 구독 서비스도 다양해져서 저렴하게 시청할 수 있는 콘텐츠도 늘었다.

이렇게 정보와 콘텐츠가 항상 넘쳐나는 상태는 비단 Z세대만의 이야기가 아니라 현대를 살아가는 모든 사람에게 해당되지만, Z세대는 이러한 시대를 살아가는 데 매우 능숙하다. Z세대의 소비행동을 연구하는 시부야 109 랩의 조사에서 Z세대의 약 90%가 코스파(가성비)를, 약 80%가 타이파(시성비)를 중시하는 것으로 나타났다. 1장에서 설명한 것처럼 코스파는 지출한 비용 대비 얻을 수 있는 성과나 만족감을 말하며, 타이파는 소비한 시간 대비 얻을 수 있는 성과나 만족감을 의미한다. Z세대는 한정된 시간과 돈을 어디에 사용해야 하는지를 판단하기 위해 타이파 혹은 코스파라는 기준을 활용한다.

시부야 109 랩의 설문조사 결과에 따르면 Z세대가 타이파를 중시하는 가장 큰 이유는 '자신이 가치를 느끼는 일에 시간을 할애하고 싶어서'였다. 다음으로는 '자신에게 불필요한 시간을 줄이고 싶어서'라는 이유가 뒤따랐다. 예를 들어 자신이 가치 있다고 생각되는 활동이 잠들기 전 반신욕을 하는 것이라면 강의 동영상을 1.5배속으로 보고 시간을 확보해 반신욕에 1시간을 사용하는 것이다.

이러한 관점에서 Z세대는 콘텐츠를 시청할 때도 타이파를 기준으로 삼는다. 한정된 시간을 효율적으로 활용하기 위해 각 콘텐츠가 자신에게 얼마나 중요한지 판단한다. 즉 콘텐츠 소비에도 메리하리 소비가 적용되는 것이다. 최근 대학생들은 온라인 수업을 들을 때도 말 속도가 느린 선생님의 수업은 1.5배속으로 보고 수업과 관련 없는 내용을 이야기할 때는 건너뛰는 등 수업이라는 콘텐츠도 시간의 가성비를 고려해 집중할 곳과 스킵할 곳을 판단한다.

콘텐츠의 중요도를 판단하는 기준은 '주변 친구들과 소통의 계기가 되는가'와 '콘텐츠에 얼마나 몰입하고 싶은가'였다. 친구들 사이에서 화제가 되는 드라마는 대화에 참여하기 위해 빠르게 배속으로 시청하며 내용을 파악한다. 반면 자신이 좋아하는 작품은 여러 번 시청할 뿐만 아니라 메이킹영상을 보거나 SNS에서 다른 팬들의 댓글까지 확인하는 등 다양한 방식으로 콘텐츠를 즐긴다. 혹은 좋아하는 감독이나 배우의 작품은 집에서 볼 수 있음에도 불구하고 굳이 영화관에 가서 작품에 몰입하기도 한다. 즉 타인과 소통하기 위해서는 효율성을 중시해 콘텐츠를 소비하는 반면 자기만족을 위해서는 몰입감을 중시해 콘텐츠를 소비하는 것이다.

코스파 소비, 타이파 소비와 같은 단어를 들으면 불필요한 것은 모두 생략한다는 인상을 가지기 쉽다. 하지만 Z세대는 쓸데없는 시간이나 지출을 무작정 줄여서 알뜰하게 사는 것이 아니다. 오히려 자신이 좋아하는 일이나 물건에는 시간과 돈을 아끼지 않고 투자하고 싶은 열정이 Z세대를 코스파족, 타이파족으로 만들고 있다고 이해해야 할 것이다.

인간관계에서도 양보다는 질

자신이 중요하게 생각하는 영역에는 아낌없이 돈을 쓰지만 다른 영역에서는 낭비를 피하려고 노력하는 모습은 인간관계에서도 나타난다. 많은 Z세대가 술자리에 참가하는 것은 가성비가 나쁘다는 의견을 전한다. 술자리 한 번에 약 5천 엔(약 5만 원)이나 드는데 어차피 취해서 잊어버리기 쉬운 시간이 아깝다는 생각이 든다는 이유다. 친구들과의 교류에 쓸데없는 돈을 쓰지 않고 낭비하지 않겠다는 의견은 체험을 중시하는 Z세대스럽지 않다는 느낌을 받는다. 하지만 이들이 말하는 술자리는 친한 친구와 보내는 시간이 아니라 어쩌다 열리는 모임 혹은 다양한 사람이 모이는 얕은 관계의 술자리를 의미한다.

Z세대는 쓸데없이 모이는 것에 대한 거부감이 있는 반면, 자신이 소중하게 생각하는 관계에는 적극적으로 시간과 돈을 소비한다. 자주 만나지 않더라도 전화로 자주 대화를 나누고 감사의 표시로 디지털 선물을 주고받는다. 특히 Z세대는 '친구가 상담에 응해줬을 때'나 '무언가를 빌려줬을 때' 등 다양한 상황에서 고마움을 표현하기 위해 디지털 선물을 적극 활용하고 있다. 친구가 몇 명인지 혹은 함께 어울리는 횟수 등 양적인 면이 아니라 자주 만나지 않더라도 친밀감을 느낄 수 있는 한정된 친구들과의 관계의 '질'을 중시한다. Z세대의 돈의 쓰임새를 통해서도 인간관계에서 중시하는 가치관에

도 변화가 있음을 알 수 있다.

Z세대 사이에서 디지털 선물이라는 소비행동이 확산되자 관련 비즈니스도 등장했다. 2022년 4월에 시작된 '도조(Dozo)'라는 이름의 서비스는 인터넷으로 구입한 선물을 SNS와 메시지, 이메일 등을 통해 보내는 소셜 기프트다. 일본은 신세 진 사람에게 성의를 표시하는 선물 문화가 발달했다. 오프라인 상품권이나 선물로 마음을 표현하는 것이 일반적이었으나 최근 젊은 층을 중심으로 선물 시장도 온라인으로 이동하면서 소셜 기프트 시장이 성장하고 있다.

야노경제연구소는 2014년 82억 엔(약 820억 원)에 불과했던 소셜 기프트 시장이 2023년 2,492억 엔(약 2조 4,920억 원)으로 성장할 것으로 전망한다. 이는 시장 규모가 9년 만에 무려 30배 증가하는 것이다. 그중에서도 도조는 단순히 물건을 고르는 것에 그치지 않고 적당한 재미와 경험을 선물하는 감각을 전달함으로써 Z세대에게 인기를 끌고 있다.

도조는 선물을 보내는 사람이 선물을 고르고 전하고 싶은 메시지를 작성해서 받는 사람에게 SNS로 보낸다. 특이한 점은 물건 자체를 고르는 것이 아니라 선물하고 싶은 상대방에게 어울리는 테마를 선택해서 SNS로 보내고, 선물을 받는 사람은 테마에 맞는

소셜 기프트 서비스 '도조'
출처: 도조 홈페이지(dozo-gift.com)

5~6개의 선물 중 하나를 선택해 우편으로 받아보는 것이다. 물건이 아닌 테마를 고르는 형식이기에 선물하는 사람 입장에서도 선물을 고르는 부담이 줄어든다. 또한 단 몇 분만에 선물을 보낼 수 있기에 선물을 미리 준비하지 못한 경우에도 걱정할 필요가 없다.

이러한 편리함 외에 도조가 젊은 층에게 인기를 끄는 요인은 바로 적당한 '재미' 요소다. 도조의 홈페이지에서 선택 가능한 선물들의 테마를 살펴보자. 홈페이지에는 일러스트가 그려진 엽서가 많이 보이는데, 일러스트 밑에는 선물의 테마가 적혀 있다. 인기 선물 중 하나인 "밥 세 끼는 안 먹어도 맥주는 마셔야지!"라는 테마를 선택하면 선물을 받는 사람에게 수제맥주에 어울리는 안주가 배달된다. "자신을 사랑해줘, 플리즈!"라는 테마를 선택하면 혼자만의 시간을 약간 사치스럽게 보낼 수 있는 향수, 입욕제, 마카롱 등의 제품이

도조에서 선택 가능한 선물 테마
출처: 도조 홈페이지(dozo-gift.com)

준비된다. 선물을 받는 사람은 재치있는 일러스트의 문구에 미소를 짓게 된다.

도조 서비스를 개발한 다이와(大和)의 신규사업개발팀은 "우리의 서비스를 문화로 만들고 팬을 확보하는 것이 필요합니다. (…) Z세대가 친근감을 느끼고 서비스의 팬이 되어 즐겨 사용하는 것이 중요합니다. 재미있게 즐길 수 있는 서비스를 만드는 데 중점을 두었습니다."라며 서비스 개발의 배경을 설명한다. 도조가 Z세대로부터 큰 호응을 얻고 있는 이유는 바로 '물건'이 아닌 '경험'을 선물하는 듯한 느낌을 주며 선물을 주고받는 행위 자체를 재미있게 만들었기 때문이다.

원하지 않는 술자리 혹은 어쩌다 알게 된 사람과의 만남에 돈을 쓰는 것을 피하는 모습, 이는 물가가 오르지 않고 경제가 성장하지 않는 일본의 Z세대에게 더욱 두드러지게 나타나는 특징일 것이다. 하지만 이들이 완전히 지갑을 닫는 것은 아니다. 정말 필요하다고 생각되는 사람에게 집중해서 시간과 노력을 들인다. Z세대는 소비뿐만 아니라 인간관계에서도 메리하리 소비 패턴을 보이고 있다.

Z세대가 D2C 브랜드를 구입하는 이유

　최근 일본의 백화점들이 Z세대의 방문을 촉진하기 위해 변신을 시도 중이다. 소위 '물건을 팔지 않는 매장', 즉 D2C* 브랜드들을 편집해 모아 놓은 쇼룸을 만들어 Z세대를 유인하고 있으며 실제로 이러한 공간에 젊은 세대들이 방문하고 있다. 물건을 팔지 않는 쇼룸은 오프라인에서 쉽게 만날 수 없는 D2C 브랜드들을 오프라인에서 경험해볼 수 있다는 점에서 인기를 끌고 있다. Z세대는 왜 D2C 브랜드를 선택하는 것일까? 비교적 높은 가격대의 D2C 브랜드도 인기를 끌고 있는데 이들은 높은 가격을 지불하면서도 왜 굳이 D2C

● D2C(Direct to Customer): 기업이 소비자와 직거래를 하는 형태의 비즈니스

브랜드를 선택하는 것일까? Z세대가 D2C 브랜드를 구매하는 이유는 무엇일까?

선택하는 수고를 덜고 싶다, 당신의 철학을 믿고 삽니다

먼저 Z세대가 D2C 브랜드를 구매하는 이유에 관한 힌트를 얻기 위해 시부야 109 랩이 시행한 인터뷰를 살펴보자. 다양한 의견 중에서 가장 눈길을 끈 이유는 "자신이 신경을 많이 쓰는 상품 카테고리가 아닌, 즉 특별하게 집착하지 않는 상품일수록 D2C 브랜드를 선택한다."라는 답변이었다.

"D2C 브랜드를 이용하는 이유는 선택하는 수고를 덜고 싶어서입니다. 내가 특별하게 집착하지 않는 영역일수록 창업자의 철학이 확실한 D2C 브랜드를 선택하는데요. 누군가 자신의 철학을 투영해 정성스럽게 만든 D2C 브랜드라면 나의 가치관과 철학이 반영되지 않아도 된다고 생각해요. 가격이 조금 비싸도 괜찮다고 생각합니다. 물론 내가 별로 신경 쓰지 않는 카테고리이기에 저렴한 제품을 구입할 수도 있습니다. 하지만 내가 소유하는 아이템에 아무런 기준 없이 그냥 싼 것을 사용하고 싶지는 않아요. 동시에 제품을 선택하는 데 너무 많은 시간을 쓰고 싶지도 않습니다. 그래서 나를 대신해 누군가가 고심하고 자신의 철학을 넣어 만든 제품을 쓰는 것이죠."

"다른 사람(창업자)이 고심해 만든 제품을 선택하면 내 의사결정 과정을 줄일 수 있습니다. 누구나 다 아는 브랜드의 제품은 그들의 스토리나 마음이 전달되지 않아요. 그래서 선택지에도 넣지 않아요."

D2C 브랜드는 대량 생산되는 브랜드와 달리 가격대가 높은 경우가 많다. 젊은 층은 경제적으로 여유가 많지 않기 때문에 언뜻 생각하면 취향이 없는 장르의 제품은 저가형 브랜드나 쉽게 구할 수 있는 대중적인 브랜드에 손을 뻗으리라 생각하기 쉽다. 하지만 실제로는 그렇지 않은 소비 행태가 나타나고 있다는 점이 흥미롭다.

그렇다면 왜 굳이 자신이 특별히 신경 쓰지 않는 영역의 제품은 D2C 브랜드를 선택하는 것일까? 이는 물건과 정보가 넘쳐나는 현대에 상품 선택의 수고를 들이지 않고 원하는 것을 얻고자 하는 니즈와 맞닿아 있다. SNS상에서 수많은 상품이 추천되는 지금, 결국 어떤 것을 선택해야 할지 모르겠다는 불만의 목소리를 들을 수 있다. 반면 너무 무난한 제품을 선택하면 개성이 없다고 인식되기 때문에 개성을 중시하는 Z세대에게 이는 피하고 싶은 선택지다. 이러한 Z세대의 니즈를 충족시키는, 즉 너무 수고를 들이지 않아도 어느 정도 개성을 표현할 수 있는 제품이 바로 D2C 브랜드인 것이다.

이는 1장에서 언급한 타이파 소비와도 이어진다. Z세대가 타이파 소비의 주역이라고 했듯이, 이들은 브랜드를 선택할 때도 자신이 꼼꼼하게 챙기는 영역에서는 많은 정보를 직접 읽고 선택한다. 하지만 모든 영역에서 일일이 정보를 챙기며 선택할 수는 없다. 그럴 때는 D2C 브랜드를 선택하는 것이다. 즉 자신의 선택 과정을 D2C 브랜드에게 아웃소싱한다고 이해해도 될 것이다.

Z세대에게 물건을 소유한다는 것은 남들과 다른 개성을 표현하는 수단이다. 그리고 그 선택은 반드시 자신이 해야 하는 것은 아니며 오히려 자신보다 가치관과 철학이 더 뚜렷한 사람이 있다면 그 사람의 철학을 빌리면 된다고 생각하는 것이다. Z세대는 D2C 브랜드란 개발 과정을 포함해 브랜드 창업자의 철학과 고집이 담긴 제품이라고 인식하고 있다. 그렇기 때문에 D2C 브랜드를 선택하면 확실히 개성 있는 제품을 고를 수 있다고 생각하는 것이다.

또 한 가지 흥미로운 점은 Z세대가 D2C 브랜드를 단순히 상품 구매를 위한 수단을 넘어 최근 트렌드 관련 지식 습득을 위한 '미디어'로 인식하고 있다는 것이다.

"D2C 브랜드의 장점은 즉각적으로 지식을 이야기할 수 있다는 점입니다. 예를 들어 최근 주목받는 단어인 에티컬 소비(윤리적 소비)의 경우, 윤리적 제품을 사면서 소비에 동참하는 기분이 들 뿐만 아니라 동시에 이야기할 수 있는 요소도 생깁니다."

"나는 그 분야에 큰 관심은 없지만 창업자의 철학과 집착이 반영된 제품을 구입함으로 인해 관련 정보를 알 수 있게 됩니다. 지식 습득을 위해 D2C를 활용하는 측면도 있죠."

즉 Z세대는 자세히 알지는 못하지만 조금 관심이 있는 분야일수록 D2C 브랜드를 사용해봄으로써 관련 분야에 관해 이야기할 수 있는 능력을 키운다고 한다. 브랜드가 SNS에서 발신하는 정보를 접하면서 해당 분야의 지식을 입력하고, 실제로 상품을 구매함으로써 이야기할 거리가 생기게 된다. D2C 브랜드를 구입하면 상품뿐만 아니라 작은 지식까지 챙길 수 있다는 점에서 Z세대는 구매라는 행동에 플러스알파의 부가가치까지 더해 소비하고 있는 것으로 볼 수 있다.

아직 잘 알려지지 않은 브랜드나 제품을 발견했을 때 나만 알고 있다는 특별함을 느낄 수 있다는 점 또한 D2C 브랜드의 매력으로 작용한다. 모두가 좋다고 생각하는 것보다는 내가 좋다고 생각하는 것을 우선시하는 가치관이 Z세대의 근저에 깔려 있다고 볼 수 있다. 그렇기 때문에 매스 브랜드(Mass Brand)는 얼마나 유명하냐가 중요하지만 D2C 브랜드는 얼마나 무명이냐가 더 중요하게 여겨진다.

'나는 나' 롤모델이 없는 세대

Z세대와의 인터뷰 자료를 살펴보다 발견한 또 한 가지 흥미로

운 점은 그들은 특정 연예인이나 모델 등 닮고 싶은 롤모델이 없다고 한다는 것이다. 그 대신 동경하는 존재의 좋은 점을 조금씩 가져와 자기만의 개성을 만들어가고자 한다.

그래서일까? 일본의 Z세대는 누구나 알아볼 수 있는 브랜드가 드러나는 상징적인 제품을 소비함으로써 '저 사람은 저 브랜드를 좋아한다'는 식으로 분류되는 것을 싫어한다는 의견도 꽤 있었다. 이러한 이유로 브랜드에 집착하지 않고 굳이 무명 브랜드를 선택하는 Z세대가 적지 않다. 동시에 이제는 쉽게 개인이 브랜드를 만들고 인스타그램을 활용해 판매할 수 있게 되면서 수많은 무명 브랜드가 탄생하고 있다. 이러한 개인이 만든 무명 브랜드가 최근 Z세대에게 인기를 끄는 이유는 크게 두 가지로 분석된다.

첫째, SNS를 활용하면 무명 브랜드 중에서 자신이 원하는 이상적인 상품을 찾을 수 있다고 확신하기 때문이다. 한 대학생은 배낭을 구매할 때 필요한 기능이나 사양이 이미 머릿속에 있고 그다음에 그에 가까운 제품을 찾는다고 한다. 결국 크라우드 펀딩을 통해 판매 중인 홍콩의 한 브랜드를 찾게 되었다고 한다. 마치 바이어처럼 정보 수집을 하는 Z세대에게 있어 해외 브랜드까지 검색해 구매하는 것은 어렵지 않은 일이다. 또 다른 대학생은 브랜드의 관련자에게 SNS를 통해 직접 메시지를 보내 궁금한 점은 문의한다고 한다. 판매자와 소통하는 것이 특별한 행동이라고 생각하지 않는 것이다.

둘째, 남들이 입지 않는 아이템에 대한 집착이 있다. 이는 롤모델이나 선망하는 대상이 없는 Z세대의 특징과도 연결되는데, 누구나 알 수 있는 상징을 가진다는 것은 이들에게 오히려 부정적인 이미지로 작용한다. 누구나 다 아는 안정감 있는 매스 브랜드, 주변에서 동경하는 명품 브랜드, 쇼핑을 잘한다는 것을 어필할 수 있는 니치 브랜드 등 다양한 선택지 가운데 Z세대는 자신이 정보를 잘 수집하고 활용하는 소비자라는 것을 표현할 수 있다는 측면에서 무명 브랜드의 가치를 높게 판단한다. 즉 주변 사람들이 인정하는 브랜드를 통해 만족감을 느끼는 것이 아니라 자신의 가치관에 부합되고 자신이 발굴한 제품이나 브랜드를 사용함으로써 만족감을 느낀다는 것을 엿볼 수 있다.

이에 따라 많은 Z세대는 쇼핑할 때 편집숍(일본에서는 '셀렉트숍'이라는 용어를 사용)을 방문하고 있다. SNS에서 팔로우하는 셀렉트숍도 여러 개의 오프라인 매장을 가진 유명 셀렉트숍이 아니라 개인이 운영하는 매장 혹은 대중적이기보다는 틈새층을 겨냥한 개성 있는 브랜드를 많이 가진 매장 등 대중에 잘 알려지지 않은 셀렉트숍을 더 선호하고 있었다. 이 역시 남들과 다른 것을 원하고 무명의 브랜드에 가치를 느끼는 Z세대의 특징이 아닐까 싶다.

그렇다면 Z세대는 어떻게 색다른 셀렉트숍을 찾는 것일까?

"틱톡에서 우연히 셀렉트숍 점원의 개인 계정을 발견하고 그녀가 입고 있는 옷이 예뻐서 그 가게를 찾아본 것이 계기가 되었어요."

"저는 무명 브랜드를 찾기 위해 인스타그램에서 셀렉트숍의 바이어를 팔로우하고 있어요."

이처럼 매장 직원이나 바이어 등 개인의 SNS 계정을 통해 셀렉트숍을 찾아간다는 것이다. 매장의 공식 계정보다 개인을 팔로우하는 것이 특징이다. 이제는 댓글이나 다이렉트 메시지(DM)를 통해 쉽게 브랜드의 관계자와 소통할 수 있는 시대다. 그래서 Z세대는 누가 운영하는지 알 수 없는 기업의 공식 홈페이지에 문의하는 것보다 어떤 사람인지 알 수 있는 점원이나 개인에게 문의하는 것을 더 편안하게 느낀다.

또한 셀렉트숍은 각각의 콘셉트에 맞는 상품이 판매되기 때문에 자신이 원하는 여러 브랜드를 찾아다닐 필요 없이 한 곳에서 해결할 수 있다는 장점도 있다.

"2000년대 디자인을 원하면 그런 아이템을 취급하는 셀렉트숍의 인스타그램 계정을 찾아가요."

"마음에 드는 가게가 몇 군데 있으면 여러 사이트나 페이지를 둘러보는데 셀렉트숍은 카테고리를 넘나들며 볼 수 있어서 좋아요."

다양한 브랜드와 상품이 인터넷에 넘쳐나는 지금, 자신이 좋아하는 세계관을 효율적으로 표현해주는 셀렉트숍의 정보는 Z세대에게 매우 매력적인 선택지다.

SNS로 연결되고 일상의 많은 부분을 공유하면서 살아가는 Z세대는 자신의 캐릭터에 관해 항상 의식하는 세대다. 그 때문에 물건을 구매할 때 자신의 개성을 표현할 수 있는 상품인지 아닌지를 판단하는 것이 중요하다. 또한 D2C 브랜드 혹은 잘 알려지지 않은 개성 있는 브랜드를 선호하는 행동을 통해 Z세대는 상품을 선택하는 기준의 하나로 '상품과 서비스에 대해 자신이 이야기할 수 있는 요소를 가지고 있는가'를 의식한다는 점을 알 수 있다. 단지 물건을 소유하는 것을 넘어 그 영역에 관해 이야기할 수 있는 지식 혹은 스토리의 인풋을 원하는 것이다. 지금까지 많은 제품이 사용감이나 기능을 중요시하는 경우가 많았다. 하지만 앞으로는 제품의 철학, 문화 등에 대해 소비자들이 학습할 수 있는 체험을 디자인하는 것 또한 중요해질 것이다.

Z세대가 셀렉트숍을 선호하는 것에서 알 수 있듯이 그들은 기업의 규모나 유명세가 아닌 자신의 취향과 세계관을 판단 축으로 브랜드를 선별한다. 브랜드를 만드는 기업이라면 타사와의 협업을 통해 Z세대의 취향을 함께 공략하는 전략도 생각해볼 수 있을 것이다. 일회성 콜라보레이션 상품으로 인지도를 쌓는 것이 목적이 아니라 자사의 세계관이나 취향을 강화하기 위한 목적으로 두 브랜드가 함께 활동하면 Z세대에게 더 좋은 반응을 얻을 수 있을 것이다. 최근 의류 브랜드가 식품업체와 협업하고 자동차업체가 스포츠 브랜드와 협업하는 등 장르와 산업의 경계를 넘는 콜라보레이션을 많

이 만날 수 있다. 이는 공통의 비전과 세계관을 가진 브랜드가 콜라보레이션해서 만든 가치가 Z세대에게 어필할 수 있는 무기가 되기 때문이다.

물건보다 경험, 소비의 순간을 즐기다

앞 장에서 언급한 것처럼 소비자가 중시하는 가치가 '물건(모노 소비)'에서 '경험(코토 소비)'으로, 그리고 다시 경험에서 '특정 순간(토키 소비)'의 즐거움과 체험으로 변화되고 있다. Z세대는 이미 물건보다 경험이 중요한 가치로 여겨지는 시대에 태어났다. 이들은 물건을 구입할 때도 단지 제품이 주는 효용을 넘어 소비하는 순간의 즐거움을 요구한다. 실제로 제품과 서비스를 소비하는 순간을 특별한 경험으로 만들어 Z세대의 지지를 얻고 있는 사례들을 만나보자.

하이볼이 아닌 비어볼, 제품보다 체험

한국에서도 하이볼의 인기가 심상치 않다. 위스키에 탄산수를 섞어 마시는 하이볼이 인기를 끄는 이유 중 하나는 자신의 취향에 따라 술을 쉽게 제조할 수 있다는 점이다. 그날의 분위기, 안주, 취향에 따라 위스키를 선택하고 탄산수의 양을 조절함으로써 알코올 농도를 조절할 수 있다.

비슷한 맥락으로 자신이 원하는 알코올 농도대로 만드는 것이 가능한 커스텀 맥주인 '비어볼(ビアボール)'이 최근 일본에서 등장했다. 하이볼이 아닌 비어볼이라는 이름에서 추측할 수 있듯이 비어볼은 맥주에 탄산을 섞어 마시는 제품이다. 시장에 존재하지 않던 주류였으나 일본 맥주 제조사인 산토리가 '맥주에 탄산을 섞는다'는 참신한 아이디어로 제품을 개발하면서 새로운 카테고리를 창출했다.

일본에서는 술을 마시지 않는 젊은이들이 늘고 있으며 그중에서도 맥주 이탈 현상이 심화되고 있다. 이러한 상황에서 산토리가 Z세대에게 어필하기 위해 개발한 상품이 비어볼이다. Z세대를 핵심 타깃으로 한 상품은 맥주 제조사에 있어 처음 있는 시도로, 맥주 시장에서의 생존을 위해 미래의 소비자인 Z세대를 겨냥해 약 2년에 걸쳐 개발한 상품이다.

비어볼을 개발하면서 가장 중시한 점은 Z세대는 '물건 소비보다

맥주에 탄산을 섞어 마시는 비어볼
출처: 산토리 홈페이지(www.suntory.co.jp)

경험 및 체험 소비를 중시한다'라는 메세지였다. 물건을 사는 것보다 친구들과 함께 시간을 보내는 것에 즐거움을 느끼고, 물건을 산다면 자신의 가치관을 투영할 수 있거나 브랜드의 가치관에 공감할 수 있는 물건을 산다. 경험을 공유하고자 하는 동기가 물건 자체보다 중요하기 때문에 체험이 포함된 상품에 높은 관심을 보인다. 이에 따라 산토리는 맥주 자체를 맛있다고 생각해서 마시는 것이 아니라 무언가 즐거운 경험을 할 수 있는 곳에 맥주가 있어야 한다고 생각했다.

이러한 기본 철학 위에 700개가 넘는 신상품 관련 아이디어가 나왔고, 시행착오 끝에 탄생한 것이 바로 '취향에 따라 마시는 비어볼'이었다. 비어볼의 가장 큰 특징은 탄산의 양을 조절해 자신이 마시고 싶은 맥주 맛을 만들 수 있다는 점이다. 탄산의 양에 따라 알코올 도수를 조절할 수 있어 술을 잘 마시는 사람도 잘 못 마시는 사람도 한 공간에서 함께 즐길 수 있다. 또한 탄산수뿐만 아니라 다른 음료를 사용해 자신의 취향에 맞게 변형해서 마실 수 있는 재미도 있다. 나만의 '오리지널 음료'를 만들 수 있다는 점은 상품을 마시는 순간의 즐거움으로 이어진다.

비어볼 개발에 참여한 산토리 홍보부의 이야기를 들어보자.

"하이볼이 시장에 자리 잡을 때도 비슷한 흐름이었습니다. 위스키는 아저씨들만 마시는 술이라는 이미지가 있었는데, 하이볼을 통해 위스키를 마시는 새로운 방법을 제안하면서 젊은 층도 함께 잔을 들고 건배할 수 있게 되었죠. 그렇게 젊은 층의 소비에 불을 붙인 것이 하이볼이라는 카테고리가 확대된 배경입니다. 위스키를 즐기는 새로운 방법을 제안함으로써 다양한 세대가 즐길 수 있게 된 것입니다."

_산토리 홍보부, 〈닛케이〉 인터뷰

산토리는 하이볼을 통해 젊은이들의 위스키 소비가 증가한 것과 같은 맥락으로 비어볼을 통해 Z세대의 맥주 소비를 늘리고자 하는 것이다.

비어볼은 제품 자체의 콘셉트뿐만 아니라 홍보에도 Z세대의 특징을 활용했다. 홍보 전략의 핵심은 '경험과 확산'이다. 산토리는 지금의 Z세대는 누구나 인플루언서라고 보고 있다. 새롭거나 재미있는 것을 발견하면 적극적으로 시도할 뿐만 아니라 시도한 것을 자신의 SNS로 발신한다. 스스로 발신자가 되며 동시에 다양한 정보를 소비한다.

체험을 중시하는 Z세대의 관심을 끌기 위해 실제로 비어볼을 경험해볼 수 있는 자리를 만들었다. 최근 재개발 이후 더욱 많은 젊은이가 모이는 도쿄의 시모키타자와(下北沢)에 있는 상업시설인 미칸시모키타(ミカン下北)에 팝업스토어를 오픈했으며, '물건을 팔지 않는 가게'라는 콘셉트로 유명한 베타(b8ta)의 시부야 점포, 음악 페스티벌 서머소닉(サマーソニック) 등 Z세대가 모이는 곳에 비어볼을 체험할 수 있는 공간을 설치했다.

"Z세대는 제품 소비보다 경험 소비를 중시하고 스스로 변형할 수 있는 여백이 있는 제품을 선호하는 경향이 있습니다. 또한 Z세대는 한 사람 한 사람이 트렌드 발신자로서 소비에 영향을 미치고 있습니다. 비어볼은 기존 맥주와는 다른 특징을 가진 제품으로 Z세대가 새로운 술, 재미있는 술이라는 의견을 발신하기 쉽도록 여러 가지 시책을 마련했습니다."

산토리는 틱톡을 주된 SNS의 홍보 채널로 활용했는데 틱톡을 이용한 이유를 다음과 같이 설명한다.

"첫 번째는 틱톡이 문화의 발원지가 될 수 있다고 생각했기 때문입니다. 틱톡을 기점으로 세상에 알려지고 그 결과 해당 브랜드나 상품이 인기를 얻은 사례가 지금까지 많았기 때문에 비어볼이라는 브랜드의 가치를 알릴 수 있는 최적의 채널이라고 생각했습니다. 두 번째는 어려운 생각 없이 재미있게 영상을 볼 수 있다는 점, 세 번째는 누군가 올린 영상이 점점 모방되어 퍼져나가는 틱톡의 특성이 술을 직접 만들어서 즐기는 비어볼이라는 상품의 특성과 잘 어울린다고 생각했습니다. 소비자 각자가 자신만의 비어볼을 만들어 마시는 방법을 발신함으로써 상품의 가능성을 넓혀갈 수 있다고 생각했죠."

자신만의 오리지널 술을 만들 수 있다는 점, 그리고 그 술을 만드는 과정 자체가 재미있다는 점은 Z세대가 중시하는 개성 표출, 경험 중시라는 특성과 맞닿아 있다. 기존에 있던 제품도 개인화가 가능하도록 제품을 변형함으로써 Z세대에게 받아들여지는 상품으로 재탄생할 수 있다는 점을 비어볼의 사례가 보여주고 있다.

취향에 맞는 와인을 찾아주는 Z세대를 위한 와인바

간단한 질문에 답하는 것만으로 각자에게 어울리는 컬러와 패션을 제안해주는 퍼스널 컬러 진단 혹은 체형 진단과 같은 진단형 서비스가 Z세대 사이에서 인기를 끌고 있다. 이러한 서비스들은 결코 저렴하기 않기에 가처분소득이 상대적으로 높지 않은 Z세대 사이에서 인기가 있다는 점이 의아할 수 있다. 하지만 앞서 살펴본 것처럼 Z세대는 '쇼핑에 실패하고 싶지 않다는 니즈' 그리고 '자신에게 가장 어울리는 색상이나 패션을 찾고 싶다는 니즈'를 충족시켜주는 진단 서비스를 가성비가 좋다고 생각한다. 진단 시 지불하는 금액은 크지만 얻은 지식은 향후 몇 년간 지속적으로 활용할 수 있기 때문이다.

이와 비슷한 맥락으로 나에게 맞는 와인을 찾는 퍼스널 진단 서비스를 제공하는 와인바가 Z세대 사이에서 화제를 불러일으키고 있다. 와인을 마실 때 보통 와인바나 레스토랑에 상주하는 소믈리에가 고객에게 '어떤 와인을 좋아하는지'를 묻는 것이 일반적이다. 하지만 와인을 잘 모르는 초보자는 당황하기 마련이다. 더욱이 자신만의 취향을 견고하게 가질 정도로 와인을 자주 마신 경험이 없는 Z세대 입장에서는 어려움을 느끼는 경우가 많다. 마셔본 와인 중 마음에 드는 와인을 설명하고자 해도 적절한 단어가 떠오르지 않는 일도 많을 것이다. 그러다 보니 20대 젊은이들은 와인 소믈리에와의 대화가 쉽지 않다. 이러한 와인에 대한 여러 가지 장애물을 모두 없애고 자신의 와인 취향을 쉽고 재미있게 찾아 경험할 수 있는 공간이 도쿄 에비스 역 근처에 위치한 와인 앳 에비스(wine@ebisu)다.

이곳에서는 누구나 자신에게 맞는 와인을 쉽게 찾을 수 있도록 독자적인 와인 진단 서비스를 제공한다. 와인 앳 에비스의 와인 진단 서비스를 이용하면 와인 초보자라도 누구나 쉽게 자신이 좋아하는 와인을 발견할 수 있다. 먼저 스마트폰을 이용해 와인 앳 에비스가 제공하는 '와인 앳 카르테(wine@KARTE)'에서 15가지 질문에 답한다. 모든 질문은 직관적으로 대답이 가능하기에 2~3분 정도면 설문을 끝낼 수 있다.

와인 진단은 화이트 와인, 레드 와인 중 어떤 와인을 좋아하는지부터 시작해 이후 몇 문항은 요리 취향에 관해 묻는다. 예를 들면 '표고버섯 조림과 계란말이 중 어떤 음식을 좋아하는지'와 같은 쉽게 답변이 가능한 질문들이다. 이 질문들은 와인에 정통한 소믈리에가 감수해 만든 것으로 고객이 선택한 요리에 따라 개개인의 짠맛, 신맛, 쓴맛, 향, 숙성도에 대한 선호도를 알 수 있도록 설계했다. 고객의 답변을 종합한 후 독자적인 알고리즘으로 분석해 개개인의 와인의 취향을 판단한다.

질문에 모두 답한 후 자신의 닉네임을 입력하고 이메일을 등록하면 '마이 페이지'가 생성되고 그곳에 자신의 취향에 맞는 와인이 제시된다. 여기까지는 최근 많이 보이는 취향 진단 서비스와 특별히 다를 것이 없다는 생각이 들지도 모르겠다. 하지만 와인 앳 에비스의 특별함은 지금부터다.

이곳에서는 와인 맛의 계통을 화이트 13종, 레드 13종, 로제 4종, 스파클링 8종으로 분류하고 번호를 매겨서 와인을 제시한다. 예를 들어 레드 와인 중에서도 가볍고 경쾌한 느낌의 계열은 R01, 화려하고 묵직한 느낌은 R05, 화이트 와인 중에서도 향긋한 계열은 W01과 같은 식이다. 와인 취향 진단이 끝나면 각자에게 맞는 와인 톱(Top)3를 번호로 알려준다.

와인 앳 에비스가 Z세대에게 큰 인기를 끄는 이유는 와인의 맛

와인의 취향을 진단하는 설문조사와 결과 화면
출처: 와인@에비스 앱

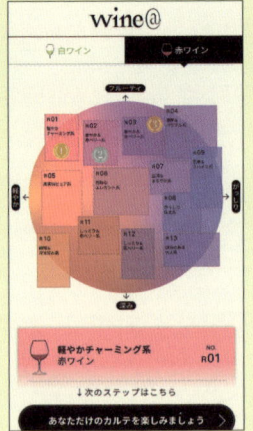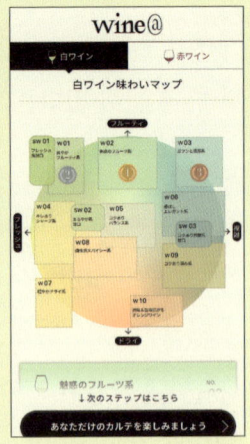

알파벳과 숫자로 와인을 분류하고 추천하는 와인 앳 에비스
출처: 와인@에비스 앱

을 어려운 용어가 아니라 숫자로 표현해 여태까지 어렵게 느껴지고 접근하기 어려웠던 와인의 문턱을 단번에 낮추었기 때문이다. 실제로 와인 앳 에비스 매장 내에는 커플끼리 혹은 친구끼리 방문해 "나는 레드 5번, 6번인데 너는 몇 번이야?"라든지 "나는 화이트 3번과 7번." 이런 식으로 서로의 취향을 묻고 답하는 대화가 계속 들린다. 이곳에서는 와인의 이름도, 브랜드명도, 발음하기도 어려운 와인의 산지도 언급되지 않는다. 들리는 것은 '숫자'와 '좋아하느냐 싫어하느냐'라는 말뿐이다. 와인에 대한 지식이 없고 와인의 이름을 외우지 않더라도 누구나 활발하게 대화에 참여할 수 있다.

그리고 와인 진단이 단지 진단만으로 끝나는 것이 아니다. 추천받은 와인이 정말 자신의 취향에 맞는지 궁금해하는 사람들도 많을 것이다. 이러한 궁금증을 해소하기 위해 매장에 24대의 와인 서버를 설치해 카테고리별로 와인을 시음할 수 있다. 시음용 동전을 구입해 서버의 투입구에 동전을 넣고 버튼을 누르면 와인 20ml가 잔에 담긴다. 동전은 하나에 275엔이며 7개 동전(140ml)은 1,650엔(약 1만 6천 원)에 판매하고 있다. 진단 결과를 제공하는 것으로 끝내지 않고 실제로 매장에서 맛볼 수 있는 체험을 설계한 것이 Z세대의 마음을 사로잡은 또 다른 요인이다.

매장을 찾은 20대들은 자신의 취향에 가장 맞는다고 추천해준 세 가지 와인을 일단 마셔보고 친구가 추천받은 와인을 마셔본다. 때로는 취향이 아니라고 진단된 와인을 일부러 마셔보는 등 진단 결과를 중심으로 그 순간을 즐기는 모습이다. 와인에 익숙하지 않

와인을 설명하는 카드(위)와 추천받은 와인을 시음해볼 수 있는 와인 서버(아래)

출처: 정희선

더라도 높은 확률로 자신이 좋아하는 와인을 발견할 수 있다는 점에서 쇼핑에 실패하고 싶지 않은 Z세대의 심리까지 잘 포착했다.

 마지막으로 이러한 진단 기술과 시음이라는 경험에 더해 Z세대를 의식해 만든 것이 바로 와인을 보여주는 방식이다. 와인 카테고리별로 색깔이 조금씩 다른 명함 크기의 설명 카드를 준비해 자유롭게 가져갈 수 있도록 했다. 자신의 진단 결과 상위 3개의 와인 카드를 골라서 나란히 배치해 놓으면 예쁜 비주얼과 색감으로 인해 SNS상에서도 눈에 띈다. 실제로 '내 취향은 이렇다'라며 자신의 진단 결과를 사진이나 동영상으로 SNS에 공유하는 젊은이들이 많다.

> "어떻게 하면 사용자 경험을 즐겁게 할 수 있을까 고민하며 UI(사용자 인터페이스), UX(사용자 경험)를 개발하는 것은 비단 IT 산업뿐 아니라 이제 모든 산업에서 하는 일입니다. 하지만 와인 업계에서는 고려되지 않는 경우가 많았습니다. 우리는 그 점을 철저하게 중시해 디자이너를 투입해 SNS에 올릴 수 있는 장치를 공간 곳곳에 넣었습니다."
>
> _와인 앳 에비스의 운영사 '브로드엣지웨어링크'의 임원 하시모토, 〈닛케이〉 인터뷰

 자신의 취향에 맞는 와인을 찾는 과정 내 즐거운 체험 요소를 가득 담은 와인 앳 에비스는 2022년 2월 오픈하자마자 Z세대 사이에서 인기를 끌었다.

"예상치 못한 일이었습니다. 젊은이들의 발길이 끊이지 않아 지금은 고객의 70%가 대학생을 포함한 20대로 추정되는 사람들로 채워지고 있습니다. 주말이 되면 매장 내 20여 개 좌석이 항상 만석이고, 많을 때는 하루 100명 이상이 찾아옵니다. 기존 와인바에서는 좀처럼 볼 수 없는 광경이죠."

또 한 가지 예상외 소득은 매장 내 마련된 와인숍에서 비교적 고가의 와인을 구입하는 젊은 층이 많다는 점이다. 개인화된 추천에 더해 실제로 시음도 했기 때문에 실패하지 않을 것이라고 안심하게 된 것일까? 지금까지 편의점에서 판매하는 와인이나 저가의 와인만 마시던 젊은이들도 고가의 와인을 구입하기 시작한 것이다. 매장 내 위치한 와인 셀러에는 약 850여 종의 와인이 비치되어 있는데, 이 또한 R01, R02, W03과 같은 번호 체계로 진열되어 있어 자신이 좋아하는 와인의 카테고리에 속한 와인을 빠르게 찾을 수 있도록 배려했다.

개인화된 진단 서비스와 체험 서비스는 사케나 위스키와 같은 영역에도 활용할 수 있을 것이다. 와인 앳 에비스의 사례는 젊은 층의 접근이 어려워 보이는 업계도 개인화된 진단 서비스를 포함해 체험을 잘 설계하면 얼마든지 Z세대에게 인기를 끌 수 있다는 점을 증명한다.

Z세대의 윤리의식, 에티컬 소비

"젠더리스라든가 지속가능성 등 내가 소중히 여기는 가치를 반영한 브랜드의 아이템을 입고 싶어요."

"싸고 인기 있는 브랜드라도 노동 환경 문제가 보이면 사상적으로 공감할 수 없어 사용을 자제해요."

"싸게 사서 이득을 보는 것보다 사회에 좋은 일을 하면서 만족감을 얻고 싶습니다."

Z세대를 이해할 때 친환경, 윤리(에티컬, ethical) 소비는 빼놓을 수 없는 단어다. 무언가를 소비할 때 Z세대는 그 브랜드가 가지고 있는 철학까지 꼼꼼히 살핀다. 이들은 '소비하는 것은 그 브랜드의

사상을 입는 것'이라는 의식을 갖고 있기 때문이다. 또한 Z세대는 어린 시절부터 기후 변화와 환경 오염 문제를 가까이에서 지켜본 세대이기에 환경 문제 해결에 기여하겠다는 윤리의식이 강하다. 이러한 Z세대에게 최근 인기를 끌고 있는 헌 옷 가게를 방문해보자.

Z세대의 마음을 사로잡은 헌 옷 가게

"디자인은 마음에 들지만 사이즈가 맞지 않아 잘 입지 못하고 있다. 버리기는 싫지만 팔릴 것 같지도 않다. 갈 곳을 잃은 옷들, 옷장에 잠자고 있지는 않나요? 클로젯투클로젯(CLOSETtoCLOSET)은 그런 옷 3벌을 가져다주시면 원하는 옷 3벌을 가져갈 수 있는 가게입니다!"

일본에서 주목받고 있는 헌 옷 물물교환 가게인 '클로젯투클로젯'의 홈페이지에 실린 소개 글이다. 방문객은 사전에 3천 엔(약 3만 원)짜리 입장권을 온라인으로 구매한 후 필요 없는 옷 3벌을 가져오면 가게에 진열된 헌 옷 3벌을 가져갈 수 있다. 클로젯투클로젯은 상

클로젯투클로젯 홍보 포스터
출처: 에너지클로젯 홈페이지(energy-closet.com)

시 영업을 하는 점포가 아니다. 한 달에 한 번씩 팝업 형식으로 가게를 여는데 2019년부터 처음 시작해 지금까지 30회 이상 팝업스토어가 열렸으며 누적 1천 명 이상이 방문, 약 1톤의 의류를 순환시켰다.

최근 Z세대에게 있어 중고 패션이 새로운 트렌드로 떠올랐다. 친환경 활동과 지속가능성에 관심이 높은 Z세대 중에는 한 철만 입고 버리는 패스트 패션을 거부하는 이들도 늘고 있다. 보스턴컨설팅그룹(BCG)은 전 세계 중고 의류 시장 규모가 2020년 400억 달러에서 2025년 770억 달러로 2배 가까이 성장할 것으로 전망하고 있다. 한국의 중고 패션 시장 규모 또한 2020년 4조 원 이상에 달할 것으로 추산하고 있으며 온라인 중고 플랫폼을 넘어 백화점과 같은 오프라인 유통도 중고 의류 시장에 뛰어들고 있다.

장기간 불황으로 인해 일찍부터 중고 패션 시장이 발달한 일본에서는 중고 의류숍을 쉽게 찾아볼 수 있다. 하지만 클로젯투클로젯은 헌 옷을 '구입'하는 것이 아니라 헌 옷을 '물물교환'한다는 참신한 아이디어로 일본 Z세대의 마음을 사로잡고 있다.

클로젯투클로젯의 콘셉트는 '옷의 순환'이다. 10명의 손님이 들어오면 30벌의 라인업이 바뀌게 된다. 매장에 진열된 옷은 손님이 들어올 때마다 바뀌고, 방문한 손님의 손에서 다음 손님의 손으로 옷이 순환하는 것이다. 클로젯투클로젯이 일반 중고 의류 점포와 다른 점은 중고 옷에 가격이 붙어 있지 않다는 점이다. 입장료가 있는 대신 옷에 가격이 매겨져 있지 않고 자신이 가져온 옷과 다른 방문객이 가져온 옷을 물물교환하는 방식이다.

가격표가 없기 때문에 예산을 따지지 않고 순수하게 자신의 취향에 따라 옷을 고르는 재미를 느낄 수 있다. 가격을 생각하지 않아도 되기에 '이왕이면 다른 가게에 없는 물건을 가져가자', '입어본 적 없는 스타일이지만 한번 입어보자'라는 생각으로 패션을 더욱 즐길 수 있는 계기가 된다. 가격을 매기지 않다는 점은 자신의 헌 옷을 내놓을 때도 도움이 된다. 일반 헌 옷 가게에서는 가격이 너무 저렴하게 책정되기에 판매를 주저하는 경우가 있다. 혹은 옷에 대한 애착이 있어 돈으로 환산하고 싶지 않다는 생각을 하는 사람들도 있다. 물물교환이라는 방식은 이러한 사람들이 가벼운 마음으로 자신의 헌 옷을 가져올 수 있도록 돕는다.

'나의 헌 옷이 다음 사람의 손에 넘겨져 새 주인이 그 옷을 소중히 입었으면 좋겠다'는 마음을 가진 옷에 대한 애착이 있는 사람들이 모임으로써 옷을 소중히 여기는 의식이 더욱 높아지는 순환형 이벤트인 것이다. 심지어 어떤 손님은 "다음 사람에게 물려줄 거라면 내가 가장 아끼는 옷을 전달하고 싶다."라며 자신이 가장 아끼는 옷을 가져오는 사람도 있었다고 한다. 방문객 중에도 기성세대는 입장료 3천 엔의 원금을 회수하기 위해 상품의 브랜드와 상태를 꼼꼼히 살피는 반면, 젊은 세대는 다른 가게에서 볼 수 없는 재미있는 아이템에 적극적으로 손을 뻗는 사람이 많다고 한다.

클로젯투클로젯은 고정된 매장을 두지 않고 팝업 형식으로 운영한다. 매장과 재고를 두지 않기 때문에 재고 관리 비용과 임대료가 들지 않는다. 또한 매번 행사의 개최 장소를 바꾸면서 다양한 지역의 고객들과 소통하고자 하는 의지도 담겨 있다. 행사가 열리면 몇 번이고 점포를 방문하는 사람, 하루종일 시간을 보내는 사람, 계절마다 1년에 몇 번씩 방문하는 사람 등 재방문율이 30~40%에 달한다. 단순히 옷을 물물교환하는 장소가 아니라 지속가능성을 생각하는 마음과 패션을 더욱 즐긴다는 아이디어에 대한 공감대가 높은 재방문율을 만들어내는 비결이다.

클로젯투클로젯을 운영하는 에너지 클로젯(Energy Closet)의 대표인 미와 사유리 씨 자신도 Z세대다. 그녀는 언론과의 인터뷰에서 클로젯투클로젯의 콘셉트에 관해 다음과 같이 전한다.

"젊은 층을 타깃으로 기획을 시작한 것은 아니지만, 내가 원하는 매장을 만든 것이 결과적으로 같은 연령대의 사람들이 공감할 수 있었던 것 같아요.

헌 옷에 가격을 매겨서 매입하다 보면 역시 유행에 따라 어쩔 수 없이 손이 가지 않는 옷이 있다고 생각해요. 그래서 고객님들이 지갑 사정을 고려해서 옷을 고르는 것이 아니라 자신의 직감이나 감성을 믿고 옷을 선택해주셨으면 좋겠다고 생각했고, 그것이 옷을 순환시키는 구조를 만들었다고 생각합니다."

클로젯투클로젯은 Z세대가 중시하는 가치 소비, 경험 소비, 에티컬 소비를 모두 충족시키는 장소다. 이제 브랜드에 있어 중요한 것은 '어디에 매장을 두고 어떤 상품을 취급하는가'와 같은 눈에 보이는 요소가 아니라 '어떤 가치관을 가지고 있는가'와 같은 눈에 보이지 않는 철학과 신념이다. 소비자는 브랜드의 물건을 사는 사람이 아니라 브랜드의 가치관에 공감하는 사람이다.

특히 지금의 Z세대에게 이러한 경향이 강하게 나타나고 있다. Z세대의 소비를 표현하는 키워드인 '취향 소비', '공감 소비', '의미 소비'라는 단어만 살펴보아도 이를 쉽게 알 수 있다. 또한 Z세대는 경험을 중시하는 특징이 있다. 물건이 넘쳐나고 해외의 유명 상품도 클릭 한 번으로 구매할 수 있는 시대에 특정 브랜드의 제품을 착용하는 것이 자신의 지위를 높여준다는 감각이 옅어지고 있으며 물건에 대한 집착 자체가 희미해지고 있다. 티켓을 구입하고 입장해 자신의 마음에 드는 옷을 고르는 행위는 이들에게 있어 물건을 구입하는 '소비'가 아닌 '특별한 경험'이 된다.

마지막으로 클로젯투클로젯은 옷을 고르는 체험의 즐거움에 더해 지속가능한 비즈니스 모델이라는 점에서 Z세대에게 인기를 끌고 있다. '친환경 소비'에 관심은 있지만 막상 행동으로 옮기려니 무엇을 해야 할지 모르겠다는 Z세대에게 '헌 옷 물물교환'은 친환경 소비를 실현하는 첫 걸음이 될 수도 있다.

지속가능성에는 프리미엄을 지불합니다

　많은 기업이 최근 SDGs(지속가능발전목표)를 중요한 가치로 내세우고 있으며 기후 변화, 환경오염과 같은 키워드들이 기업 경영에서도 중요한 화두가 되고 있다. 특히 1990년대 중반 이후 태어난 Z세대는 환경과 사회문제를 가깝게 느끼며 자라왔다.

　〈닛케이〉가 2021년 11월, 16~26세 약 5천 명을 대상으로 설문조사를 실시, 가격이 비싸거나 불편해지더라도 자신의 소비행동을 통해 사회문제 해결에 기여하고 싶은지 물었다. 응답자 중 34.9%가 '기여하고 싶다'는 의사를 밝혔으며, '기여하지 않아도 된다'고 응답한 비율은 23.2%로, 기여하고 싶다는 비율이 11.7% 높았다. 스스로를 경제적으로 가난하다고 생각하는 Z세대에 한정해서 설문을 진행한 경우도 24.6%가 '기여하고 싶다'는 의사를 밝혔다. 즉 소득의 많고 적음에 관계없이 자신의 소비행동을 통해 사회문제에 공헌하고 싶어하는 의식을 엿볼 수 있다.

　Z세대가 D2C 브랜드를 선호하는 이유 또한 에티컬 소비와 연결된다. Z세대의 가치관을 이야기할 때 중요한 키워드로 '정직'을 꼽을 수 있다. D2C 브랜드는 물건이 적정 가격에 판매되며 어디에서 조달되는지 등을 투명하게 밝히기 때문에 안심하고 구매할 수 있다고 믿는 것이다. Z세대가 D2C 브랜드를 구입하는 이유를 다시 한번 들어보자.

"D2C 브랜드는 Honest Pricing(정직한 가격), Honest Distribution(정직한 유통)이라는 인상을 받습니다. 가격에도 마진이 적정하게 포함되어 있으며 유통도 자체적으로 관리해 불투명한 부분을 없애고 있다는 느낌이 들어요. 기본적으로 블랙박스를 싫어하기 때문에 그런 과정을 공개하는 브랜드에 좋은 이미지를 가지게 됩니다. 다소 비싸더라도 동네 마트에서 야채를 사는 느낌과 같아요."

"스토리에 엄청나게 공감해서 산다기보다는 브랜드에 스토리 자체가 있다는 것이 대량 생산, 대량 소비되는 물건과는 다르다고 생각해요. 철학이 있는 브랜드가 품질에 더 신경을 쓸 것 같아요."

SNS와 인터넷에는 사진을 실제보다 예쁘게 꾸미거나 정보를 과장하는 일이 빈번하게 일어난다. Z세대는 꾸며진 모습이나 인터넷상의 정보와 실제의 차이를 자주 경험한 세대이기 때문에 '이 사람, 이 브랜드는 정말 믿을 수 있을까?'라는 생각의 습관이 몸에 배어 있는 것일지도 모르겠다. 그런 점에서 투명성을 내세우고 자신들의 철학을 진심을 담아서 전하는 D2C 브랜드가 매력적으로 느껴지는 것이다.

하지만 일부 Z세대는 환경에의 관심과 대응을 요구하는 사회적 분위기에 대해 피로감을 느낀다고 밝히기도 했다. '환경에 좋은 제품이니 구입해달라'는 식의 환경 의식만을 앞세운 마케팅으로는 Z세대의 마음을 사로잡기 쉽지 않다. 이러한 이유로 최근 일본 기업 중에서는 Z세대의 소비행동을 연구하기 위한 리서치센터를 자체적으로 운영하는 경우도 있다. 윤리적인 제품을 전제로 하면서 동시에 소비자들이 제품 자체로서 좋아하고 즐길 수 있는 제품을 개발하기 위해서다.

최근 일본의 젊은이들에게 인기 있는 브랜드 중 하나로 화장품 제조사인 시세이도가 만든 브랜드 바움(BAUM)을 들 수 있다. 바움은 '나무와의 공생(Coexistence with Trees)'라는 콘셉트를 내세우며 나무의 뿌리, 줄기, 껍질, 열매 등에서 추출한 원료를 사용해 스킨케어 제품과 향수를 만든다. 화장품 성분의 90% 이상이 자연에서 유래된 소재이며, 용기 또한 가구 공장에서 나온 폐자재를 사용하는 등 '환경에의 공헌'을 브랜드의 핵심 콘셉트로 삼고 있다.

바움은 2020년 6월 브랜드 론칭 이후 판매 호조를 보이고 있다. 평균 가격이 7천 엔(약 7만 원)이 넘는 제품임에도 불구하고 구매자의 절반은 20대이며, 30대까지 포함하면 약 80%에 달한다. 20대 젊은이들은 가처분소득이 낮아 저렴한 제품을 주로 사용할 것이라는 선입견을 품기 쉬우나 이들도 가치 있는 제품에는 높은 가격을 지불할 의향이 있다는 점을 확인할 수 있다.

Z세대 소비자의 의견을 들어보면 제품 자체의 품질에 만족하는 것에 더해 원료, 패키지 등이 모두 자연친화적이라는 점, 그리고 브랜드가 참여하는 친환경 활동이 브랜드를 지지하는 이유다. 바움의 주요 재료인 나무를 보존하기 위해 나무를 심는 활동의 경우 매출의 일부를 외부 단체에 기부해 나무를 심는 것이 아니라 브랜드 직

Z세대에게 인기를 끌고 있는 화장품 브랜드 '바움'
출처: 바움 홈페이지(www.baumjapan.com)

원들이 직접 공원 내에 나무를 심는 활동을 하고 있다.

하지만 브랜드의 홈페이지에는 친환경 활동을 전면에 내세우지 않고 있다. 대신 브랜드가 진행하는 친환경 활동은 인스타그램을 통해 알리고 있다. 브랜드가 전달하는 철학과 가치에 대해 더 자세하게 알고 싶은 사람들은 SNS를 살펴보면 된다. 홈페이지에서는 원료와 포장재의 주재료인 나무를 강조하는 세련된 이미지만을 전달하고 있는데 이는 제품 자체의 매력만으로 소비자들에게 어필하기 위함이다.

브랜드의 얼굴인 홈페이지에 굳이 '친환경' 키워드를 내세우지 않는 것은 자칫하면 친환경 이미지를 식상하게 느낄 수 있는 소비자를 배려한 것으로 볼 수 있다. 친환경을 중요한 가치로 여기는 Z세대이지만 이들이 거부감을 느끼지 않도록 메시지를 전달하는 균형 잡힌 커뮤니케이션 전략이 필요할 것이다.

Z세대의 'SDGs 선구자'를 공략하라

컨설팅회사인 베인앤드컴퍼니(Bain&Company)가 진행한 '일본 SDGs 소비에 관한 Z세대 소비자의식조사 2023'에 따르면 일본 Z세대의 70%가 SDGs(지속가능발전목표)를 고려한 상품을 구매한 경험이 있으며 이 중 80% 가까이가 프리미엄, 즉 더 높은 가격을 지불했다고 답했다. 하지만 모든 Z세대가 동일한 소비 패턴을 보이는 것은 아니다. 베인앤드컴퍼니는 Z세대를 소비행동을 분석해 다시 세 그룹으로 나누었는데, 이 세그멘테이션이 시사하는 점이 흥미롭다.

첫 번째 그룹은 'SDGs 파이오니어(선구자)'로 Z세대의 31%를 차지하며, SDGs에 대한 사명감과 강한 관심을 가지고 있다. 이들은 SDGs에 대한 정보를 일상적으로 수집한 후 관련 상품을 선택하며 주변에도 적극 추천하는 그룹이다. 두 번째 그룹은 'SDGs 팔로워'로 Z세대의 21%가 이에 해당한다. 소비 단계에서 SDGs에 대한 설명을 읽거나 직접 정보를 수집하지는 않지만, 수동적으로 들어오는 정보를 활용해 SDGs 관련 상품을 소비하고 있다. 세 번째 그룹은 나머지 49%를 차지하는 '무관심층'으로, SDGs에 관심이 없는 세그먼트다.

여기서 주목할 점은 SDGs 파이오니어와 SDGs 팔로워는 SDGs라는 부가가치에 대해 프리미엄을 지불하고 충성도가 높다는 점이다. 소비자가 SDGs를 고려한 브랜드나 상품을 구매하기 위해 추가로 지불하는 비용을 '추정 경제적 가치'라고 부른다. 전체의 52%를 차지하는 파이오니어와 팔로워, 두 그룹이 창출하는 추정 경제적 가치는 85%에 달하고 있다. 쉽게 표현하면 100명이 SDGs 상품에 총 100만 원을 소비한다고 가정했을 때 이 중 52명이 85만 원을 쓰고 있다는 것이다. 두 세그먼트는 전체 세대의 절반에 불과하지만 그 이상의 경제적 효과를 가져온다는 점을 상기할 필요가 있다. 이들

SDGs 이용현황

구분	SDGs 파이오니어	SDGs 팔로워	무관심층
응답자 비율	31%	21%	49%
과거 2년간 SDGs를 의식한 구매 경험	100%	44%	0%
재구매율	93%	61%	25%
SDGs 상품 구입 시 중요하게 여기는 요소	SDGs 활동, 가격	가격, SDGs 활동	가격, 사용의 편리함

출처: 베인앤드컴퍼니 재팬(bain.com)

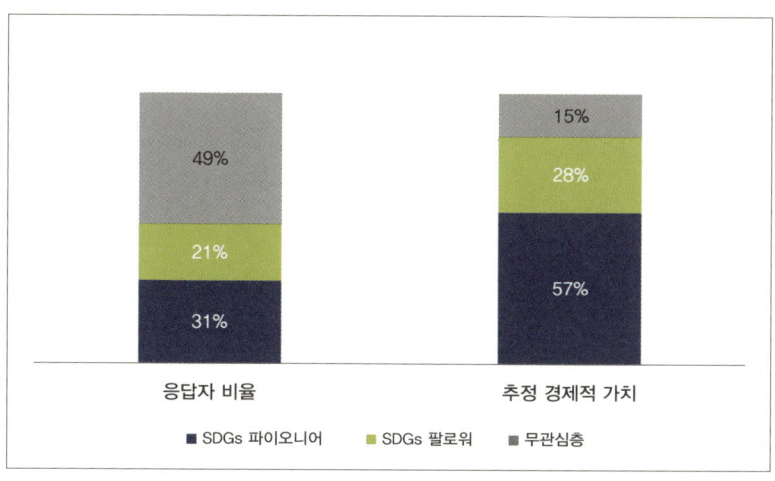

출처: 베인앤드컴퍼니 재팬(bain.com)

에게 어필하는 것이 기업에게 있어 중요한 과제가 될 것이다.

또 한 가지 주목할 점은 SDGs 파이오니어들은 제품의 구매 여부를 판단할 때 '사용하는 재료 및 원료' 혹은 '제조 공정', '조달하는 공정 및 조달처' 등 공급망 전반에 걸쳐 기업이 어떤 노력을 기울이고 있는지, 어떤 성과를 내고 있는지까지 살피는 것으로 나타났다. 설문조사의 응답자 중에는 "탄소발자국(제품 라이프사이클 전반의 CO_2 배출량)은 물론이고 강제노동이나 아동노동 등 조달처에 문제가 있다면 구매를 피하고 있다."라고 답한 사람도 있었다. 최근 다양한 국가에서 제품의 원재료 조달 방법, 노동 환경 등에 대한 객관적인 수치를 상세히 기재한 '지속가능성 팩트 라벨(Sustainability Fact Label)'을 부착하는 브랜드도 등장하고 있다. 미국 신발 브랜드 니솔로(NISOLO), 의류 브랜드 에버레인(Everlane) 등이 대표적인 예다. 역으로 생각하면 이러한 정보가 부족한 상품은 검토 대상에서 제외될 우려가 있다.

이러한 Z세대의 특징을 고려할 때 SDGs 마케팅은 어떻게 실천해야 할 것인가? 먼저 SDGs 파이오니어를 타깃으로 정하고 이들을 기업과 브랜드의 팬으로 만드는 것이 중요하다. 이들은 주체적으로 자신들이 소비하는 제품과 철학을 SNS를 통해 전파하는 특징을 가지고 있기에 이들의 파급력을 활용하는 것이다. 이들에게 상품과 공급망에 대한 전문적인 정보를 제공하는 것 또한 중요하다. 제품의 패키지나 진열대에 QR코드를 설치해 구체적인 SDGs 정보가 기재된 웹사이트로 유도하는 것도 하나의 방법이 될 수 있다.

다만 유의할 점은 SDGs, 친환경에 대한 기여도를 강조하는 것만으로는 구매로 이어지지 않는다는 점이다. 소비자들은 제품의 디자인, 기능 등 기본적인 요소와 함께 종합적으로 제품과 브랜드를 판단한다. 실제로 SDGs 파이오니어 대부분이 SDGs 상품의 재구매를 결정한 이유로 '기업과 브랜드의 이념 및 탄생 배경과 SDGs 활동의 일관성을 느꼈기 때문에', 'SDGs 기여에 대한 지속적인 노력과 결과를 공개하고 있기 때문에'와 함께 '제품의 성능과 디자인이 자신에게 맞았기 때문에'라고 꼽았다. 환경과 사회를 위한 옳은 일이라 할지라도 기능이나 디자인을 희생하는 것은 당연히 원하지 않는다.

Z세대에게 통하는 브랜드를 만드는 일은 하루아침에 이루어지지 않을 것이다. 동시에 Z세대는 앞으로 10년 후 주요 구매층이 될 것이다. 즉 10년 뒤를 바라보면서 Z세대에게 꾸준히 사랑받는 브랜드와 제품을 만든다는 장기적인 관점으로 접근해야 한다. 실행 측면에서도 커다란 변화를 한 번에 시도하기보다는 소규모의 파일럿 프로젝트부터 시작해 소비자들의 반응에 대응하면서 조금씩 새로운 전략으로 확장해나가는 것이 효과적일 것이다.

Tokyo Trend Insight

3장

100세 시대의 과제,
디지털로
해결하다

Tokyo Trend

한국에서 인구통계학적 트렌드 및 이와 관련된 비즈니스를 논의할 때 가장 많이 참고하는 나라는 옆 나라 일본이다. 실제로 우리나라의 1인 가구 확산과 고령화 속도는 일본이 걸어온 길을 그대로 답습하고 있다.

고령화는 65세 이상 인구가 총인구에서 차지하는 비율에 따라 다시 고령화사회(Aging Society, 7% 이상), 고령사회(Aged Society, 14% 이상), 초고령사회(Post-aged Society, 20% 이상)로 나뉜다. 일본은 1995년 65세 이상 인구 비율이 14.6%에 달하며 고령사회로 진입했고, 15년 뒤인 2010년에는 65세 이상 고령자가 20%를 넘어서며 초고령사회에 들어섰다.

한국의 현황을 살펴보자. 한국은 2000년 고령사회에 진입한 후 2018년 고령화사회가 되었으며, 2023년 5월 기준 고령자 비중은 18.4%로 초고령사회 진입을 목전에 두고 있다. 통계청은 2025년에 한국이 초고령사회에 도달할 것으로 전망한다. 일본은 고령사회에서 초고령사회로 진입하는 데 15년이 걸린 반면, 한국은 불과 7년 만에 초고령사회로 진입하게 되는 것이다.

이렇게 한국보다 15~20년 정도 앞서 고령화가 진행된 일본은 고령화로 인해 발생할 다양한 사회적 문제나 현상을 참고하기에 좋은 교과서와 같은 존재다. 실제로 현재 일본에서 거론되는 사회적 문제 대부분이 초고령사회로 인한 문제들이다. 사회보장비 급증, 의료비 급증, 연금 고갈, 노인이 노인을 간병해야 하는 노노간병 등은 인구의 구조적인 변화가 몰고 온 문제들이다.

저출산 고령화가 진행되는 일본에서 시니어 시장을 공략하는 것은 많은 기업에 있어 중요한 주제다. 하지만 일찍부터 고령화가 진행된 일본에서도 성공한 시니어 제품이나 서비스의 사례를 찾는 것이 예상외로 쉽지 않다. 이는 '시니어 시장'이 한마디로 정의하기에 복잡하며 다양한 특징을 가지고 있기 때문이다. 시니어라는 정의 자체가 매우 광범위하기에 고령자 그룹을 하나의 단어로 정의하기 어렵다.

여기서 잠시 일본의 광고회사인 덴츠 마케팅이 〈광고회의(宣伝会議, 센덴카이기)〉라는 잡지에 실은 '시니어 시장에 대한 오해'라는 기사의 일부를 살펴보자. 2017년에 발행된 기사이지만 시니어 시장을 이해하는 데 큰 도움이 된다.

첫 번째 오해는 '시니어 시장은 하나의 거대한 시장'이라는 생각이다. 물론 인구 규모만 보면 3,400만 명(65세 이상)에 달하는 거대 시장이지만 이 인구가 모두 일률적이지 않다. 예를 들어 65세와 85세는 부모와 자식만큼의 나이 차이가 있고, 이들이 자라온 환경, 이에 따른 의식과 가치관은 매우 다르다. 나이에 따른 노화, 라이프 스테이지 변화에 따른 소비 니즈, 구매의식도 크게 달라진다. 그렇기 때문에 이를 일률적으로 '시니어' 혹은 '고령자'라고 단정 짓는 것은 무리가 있다고 주장한다.

두 번째, 고령자라면 '늙고 힘없는' 이미지를 연상하기 쉬우나 시대가 변하면서 시니어 시장도 변화하고 있다. 시간적, 경제적 여유를 가지고 적극적으로 소비하며 도전하는 '액티브 시니어(Active Senior)'라 불리는 세대가 증가하고 있다. 이들은 어느 때보다 건강하고 활동적이며 자신을 위해 아낌없이 투자한다. 또 SNS를 통해 자신의 생각과 의견을 적극적으로 표출한다.

이러한 두 가지 사실을 바탕으로 책에서도 고령자를 크게 두 부류로 나누어 관련 서비스와 상품을 살펴보고자 한다. 크게는 이동에 불편이 없고 일상적인 생활이 가능한 고령자 시장, 그리고 일상생활에 불편함을 느끼는 고령자 시장으로 나눌 수 있을 것이다. 이동에 불편을 느끼는 고령자도 다양한 스펙트럼이 있다. 다른 문제는 없지만 단지 신체가 쇠약해 이동이 불편한 고령자, 치매와 같은 병에 걸려 일상생활이 쉽지 않아 간병 시설에 들어가 있는 고령자들을 생각해볼 수 있다.

최근 일본 기업들은 조금이라도 더 오래, 조금이라도 더 건강하게 생활하고 싶은 고령자들을 서포트하는 상품과 서비스를 출시하고 있다. 예를 들어 인지기능 향상에 도움이 되는 상품과 서비스가 시장에 등장하고 있으며 오랜 기간 안전하게 운전하고 싶은 고령자들을 위해 운전수명을 늘리기 위한 서비스도 눈에 띈다. 초고령화사회로 진입하면서 직면하게 되는 고령자들의 '이동의 제한, 이동의 불편함'이라는 문제를 해결하기 위해 디지털 기술을 활용하기 시작한다. 간병 현장에서 마주하는 현실은 더 암울하다. 고령화사회의 원인이기도 한 저출산 현상은 인구 감소를 야기했다. 인구 감소는 노동력 부족을 의미하며 이 문제에 가장 크게 타격을 받는 곳은 고령 시설이다. 사람의 간병에 의지할 수 없게 되면서 간병 현장에서도 로봇과 디지털 기술을 활용하려는 노력이 적극적으로 진행되고 있다.

세계에서 가장 늙은 나라 중 하나인 일본의 시니어 시장에서는 어떠한 일들이 벌어지고 있을까? 시니어들에게 인기 있는 제품은 무엇이며 고령화로 인한 문제를 어떻게 해결하고 있을까? 일본보다 더욱 빠르게 고령화가 진행되는 우리나라에 어떤 시사점을 던져주고 있을까?

시니어를 타깃으로 하지 않는 시니어 잡지가 팔리는 이유

60세 혹은 70세의 노인을 생각해보자. 힘없고 병든 고령자의 이미지가 떠오르는가? 아닐 것이다. 지금의 노인들은 어느 때보다 젊고 건강하며 적극적으로 인생을 즐긴다. 그렇다면 이들을 타깃으로 한 상품이나 서비스는 무엇이 있을까? 일본에서 시니어 대상으로 성공한 비즈니스 사례로 자주 등장하는 것은 의외로 고령자 대상의 잡지다.

일본 내 잡지 판매부수 1위를 자랑하는 〈하루메쿠(Halmek)〉는 50세 이상의 여성을 타깃으로 하는 잡지로 서점에서는 판매하지 않으며 정기구독으로만 받아볼 수 있다. 평균 독자 연령은 65세, 매월 발행되는 〈하루메쿠〉의 연간 구독료는 6,960엔(약 7만 원)이다.

〈하루메쿠〉 잡지

출처: 하루메쿠 홀딩스 홈페이지(halmek-holdings.co.jp)

    일본 내 잡지 및 서적의 판매부수를 공표하는 '일본 ABC 협회'에 따르면 〈하루메쿠〉는 2022년 상반기(1~6월) 44만 2천 부를 판매, 코믹지를 제외한 잡지 전체 중 판매부수 1위를 차지했다. 서점에서 판매하지 않음에도 불구하고 가장 많이 팔리는 잡지라는 뜻은 정기 구독자가 탄탄하다는 의미다. 2022년 12월 기준, 〈하루메쿠〉의 정기구독자 수는 무려 50만 명을 넘어섰다. 여성 시니어를 대상으로 하는 월간지의 평균 판매부수가 12만~14만 부인 점을 감안하면 〈하루메쿠〉가 얼마나 많이 팔리는 잡지인지 알 수 있다.

    고령층을 타깃으로 했고 서점에서 팔지 않음에도 불구하고 어떻게 이렇게 잘 팔리는 잡지가 된 것일까? 게다가 잡지 시장이 축소되며 잡지들이 어려움을 겪고 있는 지금, 고령자를 타깃으로 한 잡지는 대체 어떻게 독자들을 사로잡은 것일까? 철저한 독자 분석으로 시니어 시장에서 독보적인 입지를 다진 〈하루메쿠〉의 사례를 통해 어떻게 시니어 시장에 접근할지 힌트를 얻어보고자 한다.

'시니어 잡지'가 아니라 '여성 잡지'

많은 사람이 '시니어 잡지'라고 하면 당연히 고령자를 타깃으로 콘텐츠 기획을 시작할 것이라 예상한다. 하지만 의외로 〈하루메쿠〉는 고령자를 타깃으로 하지 않는다. 시니어 잡지가 아닌 여성 잡지로 포지셔닝을 하고 기획한 후에 거기에서 50대 이상으로 타깃을 좁혀 가며 콘텐츠를 만든다. 그 이유는 세 가지다. 우선 편집위원 중에 시니어가 없다는 점, 독자들은 자신을 시니어라고 여기지 않는다는 점, 그리고 시니어 잡지로 자신들의 정체성을 한정하는 순간 기획의 폭이 좁아지기 때문이라고 한다.

"독자들은 자신을 시니어라고 생각하지 않아요. 시니어 잡지라고 생각하고 기획을 하다 보면 내용이 편향될 수밖에 없어요. 시니어의 니즈에 초점을 맞추지만 여성지다운 기획을 하려고 합니다."

예를 들어 시니어 잡지라면 연금, 건강 등과 같은 주제밖에 떠오르지 않는다. 하지만 여성 잡지라는 포지션에서 기획을 시작하면 헤어, 패션, 여행 등 다양한 테마를 떠올릴 수가 있고 그중에서 60~70대 여성으로 타깃을 좁히는 것이다.

〈하루메쿠〉에서 다룬 '포켓몬 고(Pokémon GO)' 특집이 좋은 예다. 시니어를 타깃으로 기획을 시작하면 고령층 여성은 포켓몬 고

고령자 여성을 대상으로 한 잡지인 〈하루메쿠〉
출처: 하루메쿠 홈페이지(halmek.co.jp)

에 관심이 없을 것이라는 고정관념에 사로잡혀 포켓몬 고라는 키워드를 떠올리기가 힘들었을 것이다. 하지만 여성지라는 포지션에서 기획을 시작하자 포켓몬 고를 떠올릴 수 있게 되고 거기서 고령층의 니즈에 집중했다. 그러자 포켓몬 고가 고령자들의 운동에 도움이 될 것이라는 아이디어로 발전해 '고령 여성을 위한 포켓몬 고'라는 콘텐츠가 탄생하게 됐다.

데이터에 근거한 콘텐츠 기획

〈하루메쿠〉의 인기 비결, 즉 독자들이 읽고 싶은 콘텐츠를 만드는 비법은 바로 데이터에 근거한 콘텐츠 기획이다. 〈하루메쿠〉는 2014년 '생활습관연구소'라는 연구소를 만들고 사내에서 기획하고 있는 주제에 대해 실제로 고객들의 니즈가 있는지, 독자들의 고민은 무엇인지 등을 조사한다. 철저한 독자들의 니즈 분석이 가능한 이유는 〈하루메쿠〉가 서점에서 구입할 수 있는 잡지가 아니기 때문이다. 독자들이 모두 정기구독자이기에 〈하루메쿠〉는 독자들의 거주지, 연령, 특성 등 고객 관련 데이터를 보유하고 있다. 게다가 〈하루메쿠〉는 매달 2천~3천 장에 달하는 독자 엽서를 받는다. 20~50대로 구성된 〈하루메쿠〉의 편집단 12명은 매달 독자가 적어 보내는 엽서를 한 장도 남기지 않고 다 읽는다고 한다. 그러면 자연스럽게 불특정 다수의 시니어 여성이 아니라 '60세의 A씨', '65세의 B씨'라는 특정한 인물이 그려지게 된다고 한다. 이렇게 고객을 구체적으로 그릴 수 있게 되면 이들에게 적합한 콘텐츠를 제공할 수 있게 된다.

일반적인 잡지는 콘텐츠 기획부터 잡지 발행까지 약 3개월이 걸리지만 〈하루메쿠〉는 무려 6개월 전부터 잡지의 기획을 시작한다. 우선 '이러한 기획 기사를 독자들은 궁금해할 것이다'라는 가설을 세우고 6개월간 조사를 한다. 예를 들어 '60~70대 여성들은 여행에 관심이 많을 것이다'라는 가설을 세웠다. 하지만 독자들이 보낸 엽서를 꼼꼼히 읽다 보니 이런 의문이 든다. "과연 우리 잡지에서 여행 특집 기사를 만들 필요가 있을까? 여행 관련 콘텐츠라면 구체적인 여행 플랜, 여행지 정보가 중요할 것인데 이 정보를 꼭 우리 잡지에서 얻어야 하나? 65세의 B씨는 이러한 콘텐츠를 〈하루메쿠〉에 기대하고 있을까?"

〈하루메쿠〉는 콘텐츠를 기획할 때 고객들이 '어떻게 내가 알고 싶은 것을 이렇게 꼭 짚었을까', '정말 하루메쿠를 읽어서 좋았다'라는 생각이 드는 기사가 아니면 만들지 않는다고 한다. 이러한 기준이 있기에 여행 관련 기획 기사는 진행하지 않았다고 한다.

또한 〈하루메쿠〉는 실제로 독자와 만나 그들의 목소리를 듣는 데 힘을 쏟는다. 연 200회 정도 독자와의 커뮤니케이션을 실시하는데 이렇게 독자와의 만남을 중시하는 이유는 두 가지다.

첫째, 모든 구독자가 잡지를 읽은 후 감상을 적은 엽서를 보내는 것은 아니다. 그렇기에 엽서를 보내지 않는 독자와 만나 의견을 듣고 반영해 다음 기획에 참고하는 것이 중요하다. 둘째, 독자들의 니즈를 깊게 이해하기 위함이다. 독자들에게 '최근 관심사는 무엇인지, 무엇이 고민인지'라고 물으면 자기 머릿속에 있는 것밖에 대답하지 못한다. 이에 〈하루메쿠〉는 고객들과 만나 심층적으로 질문하는 시간을 통해 독자들의 숨겨진 니즈를 발견한다.

예를 들어 잡지들이 자주 다루는 콘텐츠 중 하나는 '정리 기술' 혹은 '물건을 잘 버리는 법'에 관한 기획 기사다. 실제로 고령 여성들은 새로운 물건의 구입보다 처분에 대한 욕구가 높지만, 아깝다는 생각이 들어 버리지 못하는 옷이 옷장을 가득 채운 사람들이 많다. 다양한 매체에서 정리 관련 콘텐츠를 수없이 많이 다루고 있지만 실제로 정리를 잘하는 사람은 별로 없다. 〈하루메쿠〉는 이러한 현상을 이해하기 위해 독자들을 직접 만나 이야기를 들었다. 그리고 고객들이 '필요 없다고 느끼는 것'과 '물건을 버리는 것'의 두 단계 사이에 실제로 하나의 단계가 더 있다는 것을 알았다. 바로 '버리는 결심을 하는 것'이다. 〈하루메쿠〉는 버리는 결심을 하도록 도와주는 콘텐츠가 필요하다는 결론에 이르고 '내게 필요 없는 물건이 어떻게 다른 사람들에게 도움이 될 수 있는가'라는 내용의 기사를 만들었다. 기사 나간 후 고객들은 '옷장을 정리하는 데 크게 도움이 되었다' 혹은 '기사를 읽은 후 집 안이 깨끗해졌다'는 만족감을 표하는 의견이 대부분이었다.

〈하루메쿠〉의 고객을 이해하기 위한 데이터 수집은 판매 후에도 이어진다. 기사별로 독자들의 만족도, 관심도 등의 데이터를 연령별로 분류해 분석한다. '특정 기사는 60대에게는 인기가 있었지만 70대에게는 만족도가 낮았다'와 같은 이해가 가능한데 이는 〈하루메쿠〉는 정기구독자 50만 명의 이름, 연령, 주소 등의 정보를 가지고 있기 때문이다.

〈하루메쿠〉의 편집장인 야마오카 씨의 말을 잠시 들어보자.

"철저하게 독자들의 일상생활에 머무는 것이 우리의 경쟁력입니다. 고령층이 원하는 정보를 정확히 짚어 보여줘야 그들의 충성도를 높일 수 있습니다."

고령층의 니즈를 함부로 단정하지 않는 것, 고령자들의 니즈를 제대로 이해하는 것이 시니어 시장의 공략을 위한 첫 번째 과제이자 가장 중요한 과제라는 것을 알 수 있다.

고령자의 고민을 해결해주는 제품들

이렇게 고령자의 니즈를 이해한 데이터를 바탕으로 〈하루메쿠〉는 콘텐츠를 만드는 것뿐만 아니라 고령자들이 필요로 하는 물건을 큐레이션 혹은 제조해 판매하는 온라인 사이트도 운영하고 있다.

정기구독자에게 배송되는 상품 카탈로그
출처: 하루메쿠 홈페이지(halmek.co.jp)

'하루메쿠 쇼핑'은 〈하루메쿠〉 잡지를 발행하면서 얻은 고령자 여성의 라이프스타일에 대한 이해를 기반으로 그들에게 진짜 필요한 제품들을 제안한다. 〈하루메쿠〉의 기사에 공감하고 〈하루메쿠〉의 팬이 된 독자들은 자연스럽게 이들이 제안하는 제품들에 관심을 가지게 된다.

정기구독자에게는 잡지와 함께 상품 카탈로그가 배송되는데, 고객은 카탈로그를 살펴본 후 마음에 드는 상품을 〈하루메쿠〉의 전용 사이트에서 주문한다. 물론 온라인몰에서 고객이 직접 주문하도록 유도할 수도 있지만 〈하루메쿠〉는 일부러 카탈로그를 보내준다. 그 이유는 스마트폰이 많이 보급되긴 했지만 아직 스마트폰 활용이 서투른 고령자들이 있기 때문이다. 자신들에게 이미 친숙한 방식인 카탈로그를 보면서 물건을 고르는 행위를 선호하는 사람들이 있기에 〈하루메쿠〉는 카탈로그 제작을 멈추지 않고 있다. 카탈로그에서 마음에 드는 상품을 발견한 고령자는 전용 사이트에서 상품 번호를 입력하는 것만으로 홈페이지에서 상품을 쉽게 검색할 수 있다.

〈하루메쿠〉는 시니어들에게 필요하다고 생각되는 상품, 이들의 고민을 해결해줄 상품을 큐레이션하기도 하지만 자체적으로 기획 및 제작하는 PB상품이 약 70%를 차지한다. 〈하루메쿠〉의 통신판매사업을 총괄하는 본부장은 쇼핑몰 운영에 있어 가장 중요하게 생각하는 것은 〈하루메쿠〉의 '헌법'이라고도 할 수 있는 '고객을 단정 짓지 않는 것'이라고 말한다. 고객의 현실과 니즈를 아는 척하거나 짐작하지 않고 제대로 이해한 후에 제품을 큐레이션하고 제품을 만드는 것, 이러한 원칙을 철저하게 지키고 있다고 한다.

그는 또한 고객 니즈의 미묘한 차이를 감지하는 것이 중요하다고 전한다. 예를 들면 고령자들의 '젊어지고 싶은' 니즈와 '젊어 보이고 싶은' 니즈는 분명히 다르며 이러한 작은 차이를 감지하고 한 발 더 들어가 이해할 수 있는 능력이 필요하다고 전한다.

〈하루메쿠〉는 자체적으로 고령자의 라이프를 연구하는 '삶을 잘 사는 방법 연구소(生きかた上手研究所)'를 운영하고 있다. 연구소는 고객들이 보내는 엽서뿐만 아니라 정기적으로 그룹 인터뷰를 실시하고 고객의 집을 방문해 이들의 생활을 취재한다. 상품이나 서비스에 대한 고객의 의견은 전부 문서화해서 한 건씩 체크하고 모두 답변하는 것을 원칙으로 한다. 〈하루메쿠〉가 가장 중시하는 것은 자

신들이 제안하는 상품으로 인해 고객의 생활이 개선되는지, 이로 인해 고객의 기분이 긍정적으로 바뀌었는지다. 상품 출시 전뿐만 아니라 상품을 판매한 후에도 철저하게 모니터링을 실시해 품질 개선에 반영한다.

〈하루메쿠〉는 특정 카테고리의 편집자와 상품개발 담당자가 항상 커뮤니케이션을 한다. 고객이 '사용해보고 싶다'는 마음을 갖게 되는 것은 상품에 대한 배경과 스토리가 잘 전달될 때이기 때문이다. '왜 이 상품인가'라는 이유에 관해 상품개발자와 편집자는 끊임없이 소통하고 상품의 필요성과 장점을 고객에게 설득력 있게 전달한다. 이렇게 만들어낸 상품과 정보의 조합은 〈하루메쿠〉 쇼핑몰을 다른 통신판매와 차별화시키는 포인트다.

예를 들어 '감기'에 관한 기획 기사를 생각해보자. 상당수의 잡지가 감기에 걸리지 않는 방법에 대한 기획 기사를 다룬다. 〈하루메쿠〉는 고령자들로부터 감기 자체보다 감기에 걸려 면역력이 떨어짐으로 인해 다른 병에 걸리는 것이 더 두렵다는 의견을 듣는다. 이러한 니즈를 이해하면 단순히 감기에 걸리지 않기 위한 대책만을 다루는 것이 아니라 면역력을 올리는 데 도움이 되는 실내 운동에 관한 내용까지 포함한 기사를 기획하게 된다.

이뿐만 아니라 '단순한 운동은 오래 지속하지 않는다'는 의견을 반영해 운동뿐만 아니라 수면 시 혈액이 몸 전체에 잘 돌 수 있는 수면 방법을 제안하기도 한다. 이러한 기획 기사와 함께 운동, 수면 등의 제품을 추천하면 고객들은 제품에 대해 납득하게 된다. 이러한 상품과 정보의 조합으로 〈하루메쿠〉는 본업인 잡지 판매보다 부업인 통신판매에서 얻는 수익이 더 많다.

많은 브랜드가 고령층 소비자들을 젊은 소비자들만큼 잘 이해하지 못하고 있다. 게다가 '고령자 시장은 이러할 것이다'라는 선입견을 가지고 있다. 시니어들에게 받아들여지는 제품을 만드는 비법이 따로 있는 것은 아니다. 산업과 업태를 불문하고 소비자들에게 받아들여지고 인기를 끈 제품들은 철저한 고객 분석이라는 작업이 가장 먼저 진행된다. 고령자에 대해 고정관념을 가지지 않고 고령 고객을 제대로 이해하는 것이야말로 시니어 시장에서 성공하기 위한 전제 조건일 것이다.

건강수명에서 찾는 비즈니스 찬스

베이비붐(Baby boom)이란 출생률이 급상승하는 시기를 말하며 이때 태어난 이들을 베이비붐 세대라 부른다. 주로 전쟁이 끝난 후 많이 보이는 현상으로 한국은 한국전쟁 이후에 태어난 세대에 해당된다. 일본의 경우 1947년부터 1949년 사이에 태어난 약 800만 명이 단카이 세대(団塊世代)라는 이름으로 불리는데, 이들을 베이비붐 세대라고 이해하면 된다.

단카이 세대를 소개하는 이유는 일본의 베이비붐 세대가 후기 고령자인 75세로 진입하는 '2025년 문제'가 최근 일본 사회의 화두가 되고 있기 때문이다. 고령자는 다시 전기 고령자(65세 이상~75세 미만)와 후기 고령자(75세 이상)로 나눌 수 있다. 후기 고령자로 들어서면 치매를 포함한 각종 유병률이 급격히 높아지고 혼자서 생활하기 힘든, 즉 간병 서비스가 필요한 사람의 비중 또한 높아진다. 자연스럽게 2025년부터 일본 내 의료 및 요양 시설이 부족할 뿐만 아니라 의료비, 사회보장비의 부담도 급증할 것으로 예상된다.

이러한 사회적 배경과 더불어 지금의 고령자들은 예전에 비해 건강에 대한 관심이 높으며 적극적으로 건강수명을 늘리기 위해 노력한다. 언론을 통해 요양업계의 인력난과 같은 문제점을 접하면서 인지기능 저하 예방에 대한 중요성을 인식하기 시작하는 사람들이 많아지고 있다. 지금 어느 때보다 '건강수명'이라는 용어를 언론에서 자주 들을 수 있으며 일본 기업들 또한 건강수명을 늘리는 분야에서 사업 기회를 발견하고 있다.

인지기능을 높여드립니다

최근 일본에서 등장하는 건강수명을 늘리기 위한 제품 중 가장 개발이 활발한 분야는 뇌의 인지기능 향상에 도움이 되는 식품이다. 100세까지 사는 사회가 되면서 자연스럽게 치매에 대한 관심이 높아지고 치매 예방 관련 상품들이 주목받고 있다. 후지경제연구소에 따르면 '기억력 유지'라는 키워드를 내세운 제품은 2015년 이후 두 자릿수 성장세를 유지하고 있다. 인지기능 관련 시장이 형성되

기린 홀딩스의 기억력을 유지하는 데 도움이 되는 베타 락트린 성분이 포함된 음료
출처: 기린 홈페이지(www.kirin.co.jp)

는 초기에는 DHA, EPA 등 이미 우리가 잘 아는 성분을 사용한 제품들이 쏟아졌으나 최근에는 새로운 소재의 발굴도 빈번하게 이루어지고 있다. 대형 식품업체들이 중년층 이상을 타깃으로 자체적인 연구를 통해 인지기능에 도움이 되는 새로운 성분을 발견하고 이를 활용한 제품을 속속 출시하고 있기 때문이다.

일본의 음료 제조사인 기린 홀딩스는 도쿄대학과 공동연구를 통해 카망베르 치즈에 함유된 베타 락토린이라는 성분이 기억력 유지에 도움이 된다는 사실을 발견했다. 베타 락토린의 일일 권장 섭취량인 3.5mg은 카망베르 4kg를 섭취해야 얻을 수 있는 양이지만 이를 간편하게 섭취할 수 있도록 100ml짜리 요거트 맛 음료로 만들었다. 타깃은 60대와 70대로 건망증에 대한 불안감을 느끼는 노년층이다.

식품 대기업인 아지노모도 또한 다년간의 아미노산 연구를 바탕으로 인지력 향상에 도움이 되는 건강기능식품 '브레인 활력 세븐아미노'라는 제품을 출시해 고령자들에게 어필하고 있다. 코카콜라 재팬 또한 기억력 저하를 방지하고 혈압의 상승을 방지하는 기능성 성분이 첨가된 차를 출시했다. 이 외에도 DHA를 다량 함유한 소시지, 기억력 유지에 도움이 되는 추출물을 함유한 껌, 주의력 및 판단력의 정확성을 높이는 녹차 등 다양한 제품이 시장에 선보이고 있다.

시장조사업체인 후지경제연구소에 따르면 인지기능을 서포트하는 식품 시장의 규모는 2019년 168억 엔(약 1,700억 원)에 달했으며 앞으로도 지속적인 성장이 예측되는 시장이다. 시장 확대의 배경에는 치매라는 병에 대한 인식이 높아지고 위기감이 고조되고 있기 때문이다.

치매는 발병하기 2~3년 전부터 일상생활에 큰 지장이 없는 '경도인지기능장애'라고 불리는 건망증과 비슷한 증상을 겪는다. 경도인지기능장애는 조기 발견하면 정상으로 되돌리거나 치매의 진행을 늦출 수 있다는 연구 결과가 있다. 치매 및 치매 관련 치료제, 그리고 이러한 정보들이 방송에서 자주 보도되면서 인지기능 향상에 관심을 가지기 시작하는 소비자들이 늘었다. 1장에서 살펴본 기능성 식품과 마찬가지로 따로 시간을 내거나 특별한 노력을 기울이지 않고 일상에서 섭취하는 제품으로 인지력 저하를 막을 수 있다는 점에서 호평을 받고 있다.

기린 홀딩스와 아지노모도 양사 모두 단지 음식과 보조 영양제만 출시하는 것이 아니라 앱도 동시에 개발했다. 기억력은 발목이나 허리의 통증이 가벼워지는 것과 같은 체감이 어려운 영역이며 혈압처럼 스스로 측정할 수 있는 지표도 없다. 이에 따라 기린 홀딩스는 기억력, 집중력, 순발력 등의 요소를 단련하는 두뇌 트레이닝 게임과 식사와 걸음 수 등 건강 정보를 관리할 수 있는 스마트폰 앱을 무료로 배포해 제품의 섭취를 습관화하고 동시에 변화를 감지하도록 돕는다. 아지노모도 또한 국립장수의료연구센터와 공동으로 스마트폰 앱인 '100년 건강 수첩'을 개발, 고객들의 식사, 운동, 수면 기록을 분석해 시각화할 뿐만 아니라 부족한 영양을 보충할 수 있는 메뉴 레시피도 제안한다. 단지 제품을 판매하는 것이 아니라 건강한 생활습관을 돕는 서비스를 함께 제안함으로써 고령자의 일상에 스며드는 것을 목표로 하고 있다.

인지기능을 유지하기 위한 앱 개발도 활발히 연구가 이루어지는 분야 중 하나다. 세계 최초로 알츠하이머형 치매 진행을 억제하는 약물인 '아리셉트'를 개발한 에자이(Eisai) 제약은 뇌 건강을 측정하는 '브레인 퍼포먼스(Brain Performance)'라는 개념을 새롭게 제안하고 뇌 건강을 높이기 위한 앱을 2020년 7월 출시했다. 일상생활에서 쉽게 인지기능을 측정함으로써 치매 예방 및 조기 발견으로 이어지도록 한다는 목표다. 에자이 제약은 "앞으로는 고령자뿐만 아니라 한창 일할 나이인 40~50대를 포함한 모든 연령층이 자신의 브레인 퍼포먼스를 측정하고 이를 유지하는 라이프스타일을 실천

에자이 제약이 출시한 브레인 퍼포먼스를 측정하는 앱 '이지잇'
출처: 에자이 제약 홈페이지(www.eisai.co.jp)

하는 시대로 접어들 것으로 봅니다."라며 앱을 출시한 배경을 설명한다.

브레인 퍼포먼스를 향상시키기 위해 개발한 앱인 '이지잇(Easiit)'은 인지기능 유지에 도움이 되는 생활습관을 장려한다. 이용자가 식사 내용, 수면 시간, 체중, 걸음 수 등을 입력하면 인공지능이 인지기능 유지에 도움이 되는 생활습관 여부를 점수화한다. 이지잇에 입력하는 식습관, 수면 등의 항목은 세계보건기구(WHO)가 치매 발병과 관련 있다고 꼽은 12가지 항목 중에서 선택했다. 소비자의 인지기능 향상에 도움이 되는 생활습관 또한 앱을 통해 유도한다.

예를 들어 이지잇의 화면에 개개인의 상황에 따라 '4,000보 걸기', '8~10시간 수면' 등과 같은 목표를 설정해 지속적으로 인지기능 향상에 도움이 되는 습관을 지속하도록 한다. 목표를 달성하면 일본항공의 마일리지 등으로 교환이 가능한 '이지잇 마일리지'가 쌓이는 등 이용자들을 동기부여하기 위한 요소들도 담겨 있다. 에자이 제약은 치매 치료에 관한 노하우와 경험, 임상 데이터에 더해 이지잇 앱 이용자들의 데이터를 수집 및 분석할 계획이다. 나아가 이지잇을 플랫폼으로 활용해 의료기관, 민간보험, 소매업 등과 연계한 '치매 생태계'의 구축을 목표로 하고 있다.

흥미로운 점은 인지기능을 서포트하는 식품이나 앱은 자사의 제품을 고령자 대상이라고 이름 붙이지 않는다는 것이다. 실제로 고령자들이 주된 소비자이기는 하지만 '고령자용'이라고 타깃 고객을 한정하지 않는다. 이는 〈하루메쿠〉가 시니어 대상 잡지임에도 불구하고 시니어를 타깃으로 콘텐츠를 기획하지 않는 것과 비슷하다. 시니어를 지나치게 특별하게 대하는 것은 심리적 거부감을 불러일으킬 여지가 있기 때문이다.

일본에서는 '시니어용'이라고 표기하는 순간 제품이 안 팔린다는 말까지 나오고 있다. 〈하루메쿠〉의 경우도 시니어를 전면에 내세우지는 않지만 건강과 관련된 콘텐츠는 매달 8페이지 내외 정도 할애해 확실하게 전달한다. 기업들도 '고령자 대상'이라고 직접적으로 표현하지는 않지만 고령자가 관심을 가질 만한 제품, 혹은 고령자의 고민을 해결해주는 제품들을 출시한다. 이러한 전략은 고령자뿐만 아니라 인지기능에 관심이 많은 직장인에게까지 어필할 수 있다는 장점이 있다.

　인지기능 관련 제품와 서비스는 새롭게 만들어진 카테고리로 아직까지 상품과 카테고리에 대한 소비자들의 인지도가 높지 않기 때문에 기업들은 적극적으로 소비자들을 교육시키는 등 시장을 확대시키는 점에 중점을 두고 있다. 새로운 카테고리를 만드는 것은 쉽지 않은 일이지만 일본 기업들은 노력을 들일 충분한 가치가 있는 시장이라고 판단한다. 일본은 인구의 15%가 75세 이상을 넘어선 세계 최고의 노인 국가이기 때문이다.

운전수명을 늘려 드립니다

　건강수명과 함께 일본 고령자들 사이에서 수요가 높은 분야는 나이를 먹어도 안전하게 운전할 수 있는 소위 '운전수명'을 늘리기 위한 대처들이다. 최근 일본에서는 고령자의 운전사고가 심심치 않게 눈에 띄는데 대부분이 고령자가 액셀과 브레이크를 착각하는 등 인지기능 저하로 인해 발생하는 사고다. 2021년 말 시점, 75세 이상의 고령 운전자는 610만 명으로 10년 만에 1.6배 증가했다. 단카이 세대가 75세가 되는 2025년에는 790만 명에 이를 것으로 전망한다. 동시에 75세 이상 운전자에 의한 사망 사고는 2021년 전국에서 346건이 발생, 자동차 사망 사고의 약 15%를 차지했다. 이 가운데 핸들 조작 실수 혹은 브레이크와 액셀을 혼동해 일어난 사고가 33%를 차지한다. 이에 따라 최근 일본 지자체들은 고령자들이 면허를 자진 반납하도록 유도하고 있으며 면허 반납 시 다양한 혜택을 주고 있다.

하지만 차를 팔아 버리면 생활이 불편해진다. 도쿄, 오사카와 같은 대도시에 사는 경우에는 큰 문제가 되지 않지만 대도시가 아닌, 혹은 시골에 사는 고령자의 경우 자동차가 없으면 불편이 이만저만이 아니다. 특히 지방 도시의 경우 인구 감소로 인해 버스가 운행 횟수를 줄이거나 노선을 폐지함에 따라 고령자들의 발이 묶이는 경우도 많다. 이러한 이유로 운전면허의 반납률이 높지 않다 보니 일본 정부는 75세 이상의 운전자만을 위한 새로운 운전면허를 만들었다. 새로운 면허를 가진 사람은 자동 브레이크 등 안전기능이 부착된 차종만을 운전할 수 있다.

운전면허를 반납하면 생활이 불편해지는 것뿐만 아니라 때로는 삶의 의욕이 없어지는 경우도 있다. 실제로 운전수명의 연장은 건강수명과도 관계가 있다는 데이터가 있다. 일본의 국립장수의료연구센터의 조사에 따르면 운전을 그만둔 고령자는 운전을 계속한 사람에 비해 간병을 받아야 할 상태에 놓일 위험성이 약 8배로 높아진다고 한다. 몸이 쇠약해짐에 따라 운전을 그만두면 행동반경이 좁아지고 인지 및 신체 기능이 더욱 쇠약해지거나 사회적 교류가 줄어들 수도 있다. 삶의 질을 유지 및 향상하기 위해서도 운전수명을 늘리는 시도는 중요하다.

일본의 기업들도 운전수명을 늘리는 데 도움이 되는 서비스나 앱을 개발해 자사 상품의 매력도를 높이고 있다. 아이오이 닛세이 동화 손해보험(あいおいニッセイ同和損害保險)은 보험상품과 함께 자체적으로 개발한 앱에서 '뇌 트레이닝'을 실시하도록 돕는다. 스마트폰에서 다양한 게임을 통해 대뇌 전두전야(前頭前野)를 자극하도록 설계했으며 뇌과학 분야의 유명 교수와 함께 개발했다. 예를 들어 화면에 나타나는 2개의 표지판 중에서 숫자가 큰 쪽을 순간적으로 선택하도록 하는 등 인지능력과 순발력 등을 트레이닝할 수 있다.

또한 보험상품에 가입하면 운전자의 블랙박스 영상을 해석, 보험자의 '안전 운전 점수'를 산출한다. 법정 속도를 지키면서 좌회전이나 우회전의 가속이 적절한 경우는 높은 점수를 받지만 속도를 초과하거나 급가속 및 급선회를 하면 낮은 점수를 받는다. 실제로 앱을 활용해 정기적으로 뇌 트레이닝을 하는 사람의 안전 운전 점수가 높은 경향을 보인다고 한다.

특히 지방에서는 이동수단이 한정되어 있어 고령자들이 쉽게 차를 포기하지 못한다. 이러한 고령자를 지원하는 지자체도 눈에 띈다. 야마나시현 후지가와구치코(富士河口湖町)에서는 토요타 자동차와 협업해 '시니어 드라이버 지원 세미나'를 연다. 전문가의 강연을 듣고 시뮬레이터를 활용해 젖은 노면에서 급브레이크를 걸어 안전하게 멈출 수 있는지를 체험한다. 운전 능력이 떨어지고 있는지 확인하기 위해 매년 참가하는 고령자가 늘고 있으며 세미나를 통해 안전 운전에 대한 경각심을 가지게 되는 좋은 기회라는 호평이다.

    초고령화사회로 진입하면서 인지기능의 중요성에 대한 인식이 확산되고 있다. 이를 서포트하기 위한 식품, 앱, 세미나 등에서 새로운 시장을 창출하려는 기업들의 노력도 이어지고 있다.

고령자의 이동을 지원하다

초고령사회로 진입하면서 떠오르는 문제 중 하나는 고령자들의 모빌리티, 즉 이동성이 현저하게 떨어진다는 점이다. 일본의 65세 이상 고령자 약 3,600만 명 가운데 500m 이상의 보행이 어렵다고 느끼는 사람은 무려 1천만 명으로 대략 3명 중 1명에 해당한다. 운전뿐만 아니라 보행이 어려워지면 외출이 줄어들고 활동 반경이 좁아진다. 이에 더해 인구 감소와 도시 집중화에 따라 슈퍼마켓이나 편의점이 없는 지방 도시도 속출하게 되며 고령자들의 생활에 불편함이 급증한다.

이러한 불편함을 해결하기 위한 비즈니스는 크게 두 가지 방향으로 나타나고 있다. 고령자들의 집 근처로 상업시설이 이동하거나 고령자들의 이동을 지원하는 제품 및 서비스를 개발하는 것이다. 이 중에서 우선 초고령사회인 일본에 이제 없어서는 안 될 인프라 역할을 담당하기 시작한 이동형 점포를 만나보자.

쇼핑 난민을 지원하는 이동 슈퍼

"다리가 약해져 외출이 힘들어요."
"더 이상 차를 운전할 수 없는데 가게는 멀고 교통수단이 없네요."

이러한 '쇼핑 약자' 혹은 '쇼핑 난민'이라고 불리우는 고령자들을 위해 신선식품과 생필품 등을 싣고 집 앞으로 이동하는 이동식 슈퍼가 급성장하고 있다. 대표적인 이동식 슈퍼인 '도쿠시마루(とくし丸)'는 약 7만 명에 달하는 고령자의 쇼핑을 지원하고 있다. 도쿠시마루의 트럭은 냉장 설비를 갖추고 있으며 육류, 채소, 과일, 빵과 과자, 초밥, 반찬 등 400여 가지 상품을 싣고 일주일에 두 번씩 고령자의 집 앞을 찾아간다. 2012년 창업 당시 트럭 2대에 불과했던 도쿠시마루는 2023년 8월 기준, 1,148대의 트럭을 운영할 정도로 성장했다.

도쿠시마루뿐만 아니라 일본의 대형 슈퍼마켓인 이토요카도(Ito-Yokado)와 이온(AEON) 또한 트럭을 이용해 이동하는 슈퍼를

이동식 슈퍼마켓인 도쿠시마루
출처: 도쿠시마루 홈페이지(tokushimaru.jp)

운영하고 있다. 하지만 이들은 도쿠시마루와 운영 면에 있어 차이점이 있다. 이토요카도나 이온은 자신들이 직접 구매한 물건을 고령자들에게 판매한다. 하지만 도쿠시마루는 자사가 물건을 직접 구매해 소비자에게 판매하는 것이 아니다. 도쿠시마루는 각 지역의 슈퍼마켓과 계약을 맺고, 이동 판매 트럭을 실제로 운영할 '판매 파트너'에게 이동 판매에 대한 브랜드와 노하우 등을 제공한다. 판매 파트너가 트럭을 구입하고 이동식 슈퍼마켓의 운영을 대행하는 개념이다.

판매 파트너는 슈퍼마켓에서 상품을 매입하는 것이 아니라 판매를 대행하는 형태이기 때문에 상품 매입에 따른 리스크가 없다. 매출의 17%가 판매 파트너의 수입이 되며, 여기에 더해 이동 판매에 소요되는 비용의 대가로 '+10엔(100원)룰'을 채택하고 있다. 즉 상품 한 점당 매장 가격에 10엔을 추가해 고객에게 판매하는 것이다. 그리고 이 10엔은 슈퍼마켓과 판매 파트너에게 5엔씩 환원된다. 현재 전체 차량의 일 평균 판매액은 8만 엔(약 80만 원) 이상이며, 파트너와 지역에 따라 12만 엔(약 120만 원)을 넘는 곳도 있다.

도쿠시마루는 프랜차이즈처럼 보이지만 수익을 분배하는 과정을 보면 프랜차이즈 체인과 조금 다르다. 보통 프랜차이즈 계약은 매출의 일부가 본사에게 돌아가는 구조다. 하지만 도쿠시마루와 계약한 슈퍼는 판매 차량 한 대당 월 3만 엔(약 30만 원)이라는 정해진 금액을 도쿠시마루에 지불한다. 매출이 오르면 오를수록 이익은 슈퍼마켓과 판매 파트너에게 돌아가는 구조다.

"프랜차이즈라는 것은 가맹점이 열심히 하면 할수록 본사가 더 많은 이익을 얻는 구조다. 그런 구조로 만들고 싶지 않았습니다."라고 도쿠시마루 대표인 스미토모(住友達也) 씨는 말한다. 창업 전 여러 사람에게 의견을 묻고 상담했는데 지인 경영자들로부터 '절대적으로 수익을 분배하는 구조가 좋다', '돈 벌 수 있는 기회를 놓치면 바보 아니냐'는 말을 많이 들었다고 한다.

하지만 "개업의 문턱을 낮추고, 다른 업종의 사람들도 쉽게 진입할 수 있는 환경을 만들어 트럭의 수를 늘림으로써 사업을 단숨에 전국으로 확장하고 싶었습니다."라고 스미토모 씨는 전한다.

그는 1981년, 23세의 나이에 도쿠시마시(德島市)의 마을 정보지인 '아와와(あわわ)'를 창간했으며 이후 2003년까지 미디어 사업에

종사했다. 그가 은퇴 후 창업으로 도전한 것이 바로 이동식 슈퍼다. 이동식 슈퍼를 생각하게 된 계기는 지역 정보지를 만들면서 일본의 많은 지역에서 쇼핑 난민이 증가하는 현상을 목격했기 때문이다. 동시에 편의점이나 슈퍼마켓 중에는 독자적으로 이동 판매를 하는 곳이 있었지만 모두 경영에 어려움을 겪고 있었다. 자사의 상품을 판매하는 것의 연장선에서 운영하니 비용과 시간이 많이 들어가고 수지타산을 맞추기가 어려웠기 때문이다.

이러한 시장의 문제점을 목격한 그는 상품 공급과 이동 판매를 분리함으로써 수익이 나는 비즈니스를 만들 수 있다고 보았다. 슈퍼마켓이 직접 차량을 보유하고 운전기사를 고용하는 리스크, 그리고 개인사업자가 상품을 직접 구매하는 데 따른 리스크를 없애고 서로에게 이득이 되는 구조를 만들어낸 것이 포인트다. 이를 통해 지역에 점포가 몇 개밖에 없는 소규모 슈퍼도 이동 판매를 도입할 수 있게 되었다.

도쿠시마루는 트럭의 수와 매출이 늘어난다고 해서 본사가 이익을 보는 것이 아니다. 지금은 흑자를 내고 있지만, 창업 초기 3년 동안은 스미토모 씨 자신도 월급을 받지 못했고 사업은 적자를 냈다고 한다. 그럼에도 불구하고 사업을 계속해온 이유는 쇼핑 약자라는 니즈가 눈앞에 분명히 존재하는데 아무도 그 니즈에 제대로 대응하고 있지 않았기 때문이라고 한다. 게다가 이 니즈는 앞으로 10~20년 동안 계속 늘어날 것이 확실하다.

"그 지역의 돈과 사람으로 운영할 수 있는, 지역의 일은 지역에서 해결할 수 있는 지속가능한 구조를 만들고 싶었습니다."

_도쿠시마루 창업자, 스미토모

도쿠시마루가 고객에게 홍보하는 방식은 아날로그 방식이다. 우선 트럭 한 대가 일주일에 3개 노선을 도는 것이 기본으로, 예를 들어 월목, 화금, 수토에 각기 다른 곳으로 간다. 고객 입장에서는 3일에 한 번 이동 트럭이 방문한다는 뜻이다. 도쿠시마루는 이동식 트럭을 운영하기 전에 먼저 노선과 스케줄을 설계하고 실제로 경로를 돌면서 얼마나 많은 노인 가구가 있는지 조사한다. 단순히 고령가구의 숫자를 세는 데 그치지 않고 "앞으로 이런 서비스를 시작하는데 이용해주시겠습니까?"라고 한 집 한 집 찾아가 말을 건넨다. "필요한 것이 있으신가요?" 등 얼굴을 맞대고 이야기를 나누며 고령자들의 니즈를 파악하고 인지도를 높인 후 개업하는 것이다.

개업 이후에도 정중하게 고령자들의 요청을 듣고 그들의 니즈에 맞추어 상품을 추가한다. 상품 수는 공식적으로는 약 400품목, 1,200점이지만 실제로는 더 늘어나기도 한다. 물론 전단지를 돌리기도 하지만 직접 집집마다 방문해 어르신들과 소통하는 것이 도쿠시마루 사업의 핵심이다. 그렇게 지역에 뿌리를 내리고 신뢰받는 네트워크를 만들어 도쿠시마루라는 브랜드를 강화한다. 이러한 작업이 번거롭게 느껴질 수 있지만 스미토모 씨가 그리는 미래의 비전을 들으면 이해가 가능하다. 그는 궁극적으로 도쿠시마루를 미디어로 만들고 싶어한다.

"1천 대의 도쿠시마루 트럭을 이용해 전국의 6만~7만 명의 시니어와 3일에 한 번씩 직접 대화할 수 있습니다. 이를 만약 잡지와 같은 미디어의 독자 수로 생각하면 상당한 숫자입니다. 개개인의 집을 직접 찾아가지만 싫어하기는커녕 오히려 반기는, 이런 장사는 다른 곳에는 없습니다. 사람에 따라서는 친자식이나 손자녀보다 판매 파트너와 대면하는 횟수가 더 많아 신뢰관계를 쌓을 수 있습니다."

이러한 페이스 투 페이스(Face to Face) 비즈니스 모델을 활용해 고령자들의 니즈에 세심하게 대응하는 점이 도쿠시마루 이동 판매의 핵심 강점이자 성공 요인이다.

쇼핑 약자들은 식생활에 소홀해지기 쉬운데 도쿠시마루가 필요한 식재료를 배달해주기 때문에 식생활이 개선되고 건강을 유지할 수 있다. 그뿐만 아니라 도쿠시마루는 식품 판매 외에도 생활용품을 판매하거나 우체국과 제휴해 우편물을 배달하기도 한다. 도쿠시마루가 지향하는 것은 '할머니(혹은 할아버지)들의 컨시어지가 되는 것'이다.

도쿠시마루를 고령자에게 접근 가능한 미디어로써 바라보고 마케팅이나 홍보에 활용하는 움직임도 실제 등장하고 있다. 예를 들어 2018년에는 코카콜라 재팬의 의뢰로 마케팅 조사를 실시했다. 고령자의 열사병 예방에 효과적인 경구용 수분 보충제를 무료로 배포하면서 사용자들에게 설문조사를 한 것이다. 당시 설문을 담당한 코카콜라의 직원은 "종이 설문지도 받지만 무엇보다 도쿠시마루의 특징은 고객의 솔직한 목소리를 직접 들을 수 있다는 점입니다."라며 도쿠시마루를 활용한 배경을 설명한다. 이렇게 사용자들의 반응을 수집하는 마케팅 조사로 얻는 수입은 아직 미미하지만 도쿠시마루는 이것이 향후 중요한 수입원 중 하나가 될 것으로 본다.

도쿠시마루를 미디어라는 관점으로 보면 더 다양하고 재미있는 일을 할 수 있다. 예를 들어 경찰의 의뢰를 받아 경찰관이 도쿠시마루에 동행해 보이스피싱을 방지하기 위한 계몽 활동을 하는 것과 같은 활동도 가능하다.

고령자의 발이 되다, 전동 휠체어 구독 서비스

쇼핑 약자는 비단 지방 도시만의 문제가 아니다. 다리가 약해져 100m 떨어진 슈퍼에도 갈 수 없거나 넓은 슈퍼 안을 둘러볼 수 없는 노인들은 도시에도 많다. 물론 인터넷 쇼핑도 있지만 스마트폰 조작이 서툴거나 쇼핑할 물건을 눈으로 직접 보고 고르며 사고 싶다는 고령자들도 많다. 따라서 고령자의 보행을 돕고 이동성을 높이기 위한 서비스나 제품은 향후 성장할 여지가 큰 산업이다.

스타트업 윌(WHILL)은 전동 휠체어를 개발하는 벤처 회사다. 윌

WHILL Model C2

고령자의 보행을 도와주는 전동 휠체어인 윌
출처: 윌 홈페이지(whill.inc)

이 개발한 최신 모델인 C2는 어디서나 볼 수 있는 흔한 휠체어 디자인이 아니라 근미래적인 디자인을 채용한 멋진 의자와 같은 느낌이다. 독자적으로 개발한 '옴니휠'이라고 불리는 전방위 타이어에 의해 회전이 가능하며 5cm의 계단 정도는 쉽게 넘을 수 있다.

C2는 걷기에 어려움을 느끼는 시니어 세대 1천만 명을 타깃으로 '도보 이상, 자전거와 자동차 미만'의 이동수단으로 포지셔닝하고 있다. 하지만 일본 국내 시장에서의 연간 판매대수는 약 2만 5천 대 정도로 윌이 타깃으로 한 보행에 어려움이 있는 1천만 명에는 한참 못 미치는 미미한 숫자다. 주된 이유는 47만 3천 엔(약 500만 원)이라는 고가격이다. 언젠가 입원을 하거나 전문 간병시설에 들어갈 수도 있다는 미래에 대한 불안감으로 인해 고령자들은 고가격의 휠체어 구매에 신중하게 대응한다.

이러한 가격에 대한 허들을 낮추고 좀 더 많은 고령자가 전동 휠체어를 사용함으로써 자주 외출하기를 바라는 마음으로 윌은 최근 렌탈 구독 서비스를 시작했다. 2021년 4월부터 매달 1만 4,800엔(약 15만 원)의 요금으로 전동 휠체어를 빌릴 수 있는 서비스이며 처음 휠체어를 받을 때는 전문 스태프가 방문해 조작 방법을 설명한다. 윌은 대여 중간업체를 거치지 않고 소비자와 직접 거래하는 방식으로 월 1만 4,800엔까지 구독료를 내릴 수 있었다. 윌의 사장인 스기에(杉江理) 씨는 "지금까지 전동 휠체어는 필요하지만 공급이 한정적이었으며 구입이라는 선택지밖에 없었습니다. 정말 휠체어가 필요한 고령자가 합리적인 가격으로 부담 없이 안심하고 사용할 수 없는 환경이었죠. 이러한 문제점을 해소해나가고 싶습니다."라며 서비스를 시작한 배경을 설명한다.

윌이 의도한 대로 전동 휠체어가 정말로 고령자의 외출을 촉진하고 건강 증진으로 이어졌을까? 2020년 9~11월, 경제산업성˙은 윌과 스즈키의 전동 휠체어를 사용한 총 55명의 고령자를 대상으로 실험을 진행했다. 그 결과 C2를 사용한 고령자의 일주일간 평균 외출 횟수가 사용 전에 비해 14% 증가했으며, 참가자의 84%가 '내가 나가고 싶을 때 외출할 자신이 생겼다'라고 대답했다. 1회 외출당 평균 주행거리는 1.7km였으며 고령자가 방문한 곳은 지역의 이벤트 참가, 병원, 슈퍼 등 다양했다. 참가자들은 혼자서도 짐을 옮길

● 경제산업성: 일본의 행정조직으로, 대한민국의 산업통상자원부, 중소벤처기업부에 해당된다.

수 있는 점, 외출 시 가족들에게 도움을 요청하지 않아도 되는 점, 언덕길도 힘들지 않게 올라갈 수 있다는 점 등을 장점으로 꼽았다. 앞으로 전동 휠체어를 이용할 의향이 있는지에 관한 질문에서는 보행이 쉽지 않은 고령자의 90%가 장래 이용하고 싶다고 대답했다.

다만 과제도 드러났다. 실험 참가자의 70%가 '길이 정비되어 있지 않다(좁다, 계단이 있다)'를 과제로 들었다. 전동 휠체어는 도로교통법상 보행자로 취급되므로 보도를 이용한다. 고령화사회가 진전되면서 앞으로는 전동 휠체어가 이동하기 쉬운 도로 공간의 정비가 중요해질 것이라는 힌트를 얻을 수 있다.

지난 3년간 코로나19 확산으로 인해 고령자의 생활반경은 좁아졌으며 대중교통의 이용을 꺼리는 분위기도 확산되었다. 고령자 중에는 자전거나 자동차를 이용하기 힘든 사람들도 많다. 전동 휠체어를 적당한 가격으로 렌트해주는 구독 서비스는 한국의 기업들도 바로 실행 가능한 비즈니스 모델이다. 전동 휠체어의 구독 서비스가 고령자들의 건강을 지키는 수단이 될지도 모르겠다.

버스가 사라지는 지방도시를 구하는 온디맨드 교통

일본 전국에서는 노선버스의 적자가 이어지고 있다. 인구 감소로 인해 충분한 승객을 확보하지 못해 경영이 악화된 지방 버스 회사들은 어쩔 수 없이 노선을 폐지하고 있다. 일본의 '교통정책백서'에 따르면 2010년부터 2019년까지 폐지된 버스 노선의 총 길이는 1만 2,300km로 일본에서 남미까지 갈 수 있는 거리라고 한다. 특히 코로나19 팬데믹 이후 사람들의 외출이 줄어들면서 2020년 노선버스의 적자는 약 2천억 엔(약 2조 원)에 달했다. 하루에 한두 대라도 운영하던 버스가 없어지면 고령자의 생활은 막막해진다. 사회 인프라에 가까운 버스 노선을 유지하기 위해 지자체가 버스 회사에 보조금을 지급하기도 한다. 하지만 초고령화, 인구 감소 사회에서 언제까지 지자체에 의존해 버스를 달리게 할 수는 없는 일이다.

이러한 상황에서 최근 IT 기술을 활용한 온디맨드(On-demand) 교통 시스템으로 문제를 해결하려는 지자체들이 많아지고 있다. 〈닛케이〉의 집계에 따르면 인공지능(AI) 온디맨드 교통을 도입한 지역은 2023년 1월 기준, 100곳을 넘어섰다. 많은 경우 아직은 실증 운행 중이지만 본격적으로 운행을 시작하는 지자체들도 늘고 있다. 실제 사례를 통해 온디맨드 교통이 어떻게 고령자들의 발이 되어줄 수 있는지 살펴보자.

이바라키현 북쪽에 위치한 다카하기시(高萩市)는 인구 2만 6천 명에 불과한, 고령화와 인구 감소 문제에 직면한 일본의 전형적인 마을이다. 다카하기시는 미치노리 홀딩스, 이바라키 교통과 협약을 맺고 다이나믹 노선버스인 '마이 라이드(My Ride) 노루루'의 운행을 시작했다.

다이나믹 노선이란 노선버스가 운영하던 기존 버스 정류장 외

마이 라이드 노루루 앱
출처: 이바라키 교통 홈페이지(www.ibako.co.jp)

에 복수의 가상 버스 정류장(Virtual Bus Stop)을 만들고 버스 이용을 희망하는 승객들에게 서비스를 제공하는 것이다. 이용을 희망하는 승객이 스마트폰 앱에서 원하는 출발지와 목적지의 버스 정류장을 입력해 버스를 예약하면 시간에 맞춰 버스가 도착한다. 즉 평소 운행하는 버스 노선 그대로 운영하는 것이 아니라 서비스를 요청한 승객들의 출발지 및 목적지 등을 조합해 AI가 버스의 운행 경로와 운행 시간을 최적화하는 시스템이다. 복수의 승객의 요청을 AI가 분석해 최적의 노선을 결정하고 매일 노선이 달라지는 버스인 것이다.

다카하기시의 다이나믹 노선버스는 출근 및 통학 시간에는 버스 시간표와 노선대로 달리지만 승객이 적은 오후에는 승객이 요청하는 경우에만 달림으로써 버스 운영을 최적화하고 비용을 줄였다. 게다가 가상의 버스 정류장을 다수 만들어 버스 정류장에서 집이

초이소코 온디맨드 버스
출처: 초이소코 홈페이지(www.choisoko.jp)

먼 고령자의 니즈에도 대응할 수 있다. 기존의 버스 정류장 96개에 더해 가상 버스 정류장 141개를 설치해 고령자들은 버스를 택시처럼 활용 가능한 것이다. 실제로 다이나믹 버스 노선을 시작한 후 이용객이 1.3배로 증가했다. 기본적으로 스마트폰 앱으로 버스를 요청하지만 스마트폰을 잘 사용하지 못하는 고령의 주민들은 전화로 요청을 하고, 그러면 회사 직원이 이를 앱에 입력하는 방식으로 운영하고 있다.

토요타 그룹의 계열사로 자동차 부품을 제조하는 아이신(AISIN)은 초이소코(チョイソコ)라는 이름의 온디맨드 서비스를 개발, 현재 전국 30여 개의 지자체에서 시범 혹은 정식 운행하고 있다. 지역별로 운용 방식에 조금씩 차이가 있지만 일반적으로 평일 오전 9시부터 오후 4시까지 9인승 왜건형 차량을 운행한다. 이용자가 사전 예약하면 배차 시스템이 같은 시간대에 같은 방향으로 가는 승객들을 그룹핑하고 이에 맞추어 주행 경로를 자동으로 설정한다.

운행 방식은 다른 온디맨드 서비스와 크게 다르지 않다. 하지만 초이소코는 슈퍼마켓, 약국과 같은 상업시설과 병원에 정류장을 배치하는데 정류장을 두는 상업시설 등이 초이소코의 스폰서가 되어 협찬금을 낸다. 병원과 상업시설은 정류장을 설치함으로써 집객 효과를 기대할 수 있으며 초이소코는 협찬금으로 서비스를 운영한다. 초이소코의 경우 1회 승차 요금이 200엔(약 2천 원)이며 다카하기시의 경우는 300엔(약 3천 원)이다. AI 기술을 활용해 운영의 효율화를 꾀한다고 해도 흑자를 내기 어려운 상황이다. 하지만 초이소코의 사례처럼 집객에 어려움을 겪는 상업시설과 이동에 어려움을 겪는 노인들을 연결해줌으로써 양측 모두에게 요금을 받는 수익 구조를 생각해볼 수도 있을 것이다.

다카하기시는 버스 노선을 폐지하지 않고 운영하기 위해 연간 3천만 엔(약 3억 원) 이상을 부담했다. 시 관계자는 테레비 도쿄(TV Tokyo)와의 인터뷰에서 "적자를 메우기 위해 보조금을 냈습니다. 하지만 승객은 늘지 않았고 우리는 단지 공기를 운반하기 위해 돈을 쓴 것이나 다름이 없었죠."라고 표현할 정도로 버스 회사의 적자는 초고령화사회의 골칫거리 중 하나다. 최근 국내에서도 정기노선 버스와 달리 이용자의 수요에 따라 노선을 탄력적으로 운행하는 온디맨드 모빌리티가 시범 운행을 시작했다. 앞으로 AI를 활용한 온디맨드 교통은 고령자들의 인프라로서 중요한 역할을 담당할 것으로 보인다.

고령화 문제를 해결하는 에이지테크

　에이지테크(Age-Tech)란 고령자들의 생활을 개선하고 삶의 질을 향상시키는 기술을 일컫는 말이다. 에이지테크가 주목받는 이유는 전 세계적으로 고령화가 빠르게 진행되고 있기 때문이다. 2050년, 전 세계의 60세 이상 인구는 21억 명에 이르러 세계 인구의 4분의 1을 차지할 것으로 전망한다. 세계 최고의 고령국가인 일본에서는 고령화로 인한 사회적 문제를 기술을 통해 해결하려는 움직임이 엿보인다. 특히 인간의 노동력 투입이 많은 간병 현장에서의 일손 부족이 커다란 문제로 떠오르면서 기술 활용을 통한 생산성 개선은 이제 선택이 아닌 필수가 되고 있다.

1인 고령가구를 위한 '미마모리 서비스'

　일본의 1인 가구는 전체 가구의 35%를 차지, 아시아 국가 중에서 가장 높은 비율을 보인다. 일본의 '고령사회백서'에 따르면 65세 이상 고령가구 중 29%인 737만 가구가 혼자 살고 있다. 2000년까지는 고령 1인 가구의 비중이 10%대였지만 20년 사이에 그 비중이 거의 30%에 육박하게 되었다. 1인 가구 중 가장 큰 비중을 차지하는 집단 또한 고령자로 1인 가구의 41.1%가 60세 이상의 노인이다. 특히 혼자 사는 고령 여성(26.1%)의 비중이 고령 남성(15.0%)보다 약 10% 높은데, 이는 여성의 평균 수명(87.3세)이 남성(81.1세)보다 길어 남편과 사별 후 혼자 사는 여성이 많기 때문이다.

　혼자 사는 고령인구가 늘면 크게 두 가지 문제가 떠오른다. 1인 가구의 안전을 어떻게 지킬 것인가, 그리고 1인 가구가 느끼는 고립감과 외로움을 어떻게 해소할 것인가이다. 최근 일본에서는 이러한 문제들을 디지털 기술을 활용해 해결하려는 움직임이 확산되고 있다.

　대표적으로 고령 1인 가구를 대상으로 한 '지킴이 서비스(見守りサービス, 미마모리 서비스)'를 쉽게 만날 수 있다. 지킴이 서비스란 센서나 카메라, 전화 통화, 방문 등의 방법으로 고령자의 건강 상태를 파악하고 이상이 있을 경우 가족들에게 알려주는 서비스다.

　지킴이 서비스는 크게 대면형 서비스, 접촉형 서비스, 비접촉형 서비스의 세 가지로 분류된다. 대면형 서비스는 정기적으로 방문하거나 전화로 안부를 확인하는 형태다. 간병회사 직원뿐만 아니라 우체국이나 전기 및 가스 회사 등 지역을 순회하는 인력이 부가 서비스로 실시하는 경우도 많다. 접촉형 서비스는 특정 기기를 설치하고 위급 상황에서 고령자가 버튼을 누르면 긴급 상황이 전달되는 시스템이다. 하지만 이 경우에는 고령자가 직접 버튼을 눌러야 한다는 단점이 있다.

최근 일본에서 가장 힘을 쏟는 분야는 기술을 활용한 비접촉형 서비스다. 비접촉형 지킴이 서비스는 감시카메라, 센서, 가스나 전기의 미터기 등을 통해 고령자의 생활 패턴을 파악하고 평소와 다른 패턴이 감지되면 사전에 설정해놓은 사람에게 메일이나 전화로 연락이 가는 서비스다. 일본은 현재 심각한 일손 부족으로 인해 간병 인력이 모자라 직접 방문해 대면하는 것도 쉽지 않다. 또한 위급 상황에서 고령자가 특정 버튼을 누르는 것이 힘든 경우도 많이 보인다. 이에 따라 사람이 방문하거나 고령자가 직접 움직이지 않아도 일상생활의 움직임을 통해 건강 여부를 확인하는 서비스가 각광을 받고 있는 것이다.

특히 최근 IoT(Internet of Things) 기술, 즉 각종 사물에 센서와 통신 기능을 내장하고 인터넷에 연결하는 기술이 발달하면서 비접촉형 서비스를 저렴한 요금으로 제공하는 것이 가능해졌다. 이에 따라 민간 보안회사뿐만 아니라 가스, 전기, 간병 사업자 등 다양한 산업 내 기업이 지킴이 서비스를 제공하고 있다.

아이큐포메이션(IQ Formation)이라는 회사의 '지킴이 전기 서비스'는 전기 사용량을 AI가 측정, 평소와 다른 사용 패턴이 발견될 경우에는 고령자에게 자동으로 전화를 걸며, 전화에 응답이 없는 경우에는 가족에게 메일과 전화로 통지한다. 서비스를 이용하기 위해서는 전력 요금에 월 300엔(약 3천 원)을 추가하면 된다.

일본의 히타치(Hitachi)는 고령 1인 가구를 대상으로 도시테루(ドシテル)라는 서비스를 출시했다. 방 안에 설치한 전용 센서를 통해 1분에 한 번씩 고령자의 활동량을 체크하고 이 정보를 서버에 축적한다. 떨어져 사는 가족은 전용 스마트폰 앱을 통해 고령자의 현재 상황을 언제든지 확인할 수 있으며 요금은 월 3,980엔(약 3만 9천 원)이다. 카메라로 직접 영상을 찍는 것이 아니기 때문에 프라이버시를 배려하면서도 혼자 사는 부모님의 움직임과 활동량을 통해 건강상태를 체크할 수 있다는 것이 장점이다.

사람들이 모여 사는 공동주택의 오너를 대상으로 한 서비스도

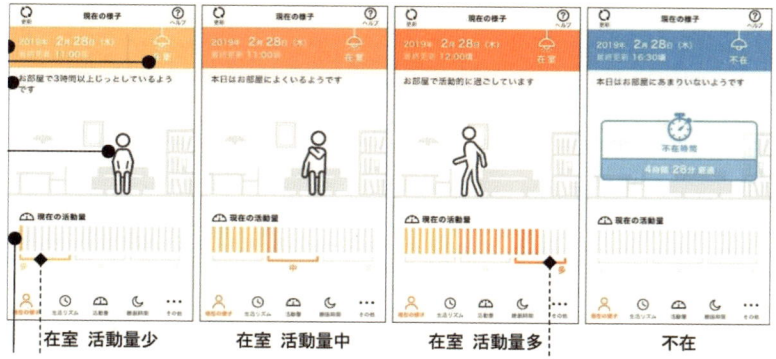

스마트폰 앱을 통해 고령자의 움직임과 활동량을 확인할 수 있는 도시테루 서비스
출처: 히타치 홈페이지(hitachi.com)

있다. 각 가정의 수도 사용량을 체크해 평소와 다른 이상이 감지되면 임대 건물 주인에게 연락이 간다. 예를 들어 72시간 이상 수도를 사용하지 않는다거나 1시간 이상 수도를 쉬지 않고 사용하는 등과 같은 평소와 다른 상황이 감지되면 주인에게 통보해 주인이 방을 방문해보도록 유도한다. 일본에서도 고독사가 심각한 사회 문제로 떠오르고 있다. 고독사가 방치되면 해당 방에 입주하려는 사람이 없어 집주인은 손해를 보게 되는데, 이러한 집주인들의 니즈를 파악하고 개발한 서비스다.

고령자들의 건강 상태를 확인하는 것뿐만 아니라 이들을 감정적으로 지원하는 서비스들도 등장하고 있다. 일본의 스타트업 미하루(MIHARU)는 젊은 직원이 정기적으로 노인을 방문해 마치 손주처럼, 때로는 친구처럼 함께 시간을 보내는 '모토 메이트'를 시작했다. 창업자인 아카키 씨는 87세인 자신의 할머니가 골절상을 입었을 때 간병인을 원하지 않았던 경험에 착안해 비즈니스를 구상하게 되었다. 몸은 조금 아프지만 스스로 일상이 가능함에도 불구하고 전문 간병인이 오는 것에 거부감을 느끼는 고령자들의 니즈를 확인한 것이다. 이들에게는 간병인이 아닌 옆에서 불편함을 조금 도와줄 손자 같은 사람이 필요하다는 생각이 비즈니스의 발단이 되었다.

비용은 시간당 3,500엔(약 3만 5천 원)이며 20~30대의 젊은 친구들이 고령자의 집을 방문해 스마트폰이나 PC 등 디지털 기기의 사용법을 알려주기도 하고, 거동이 불편한 고령자를 도와 함께 장을 보러 가기도 한다. 미국에서도 비슷한 서비스가 운영 중이다. 젊은 직원을 노인 가정에 파견하는 서비스 파파(Papa)는 거동이 불편한 노인을 도와 함께 이동하거나 장을 봐서 같이 요리하는 등 일상의 한 부분을 나눈다. 이 서비스도 직원이 단순한 도우미가 아닌 고령자와 친근한 관계를 만들어 간다는 점이 커다란 차별점이다.

스마트폰을 활용해 사람과 사람 간의 연결을 촉진하는 것을 넘어 고령자들의 생활을 지원하는 서비스의 실험도 진행 중이다. 도쿠시마현의 산간부에 있는 카미야마쵸(神山町)라는 마을에서는 고령자와 가까이 사는 주부들을 매칭하는 사이트 포츠(POTZ)의 시범 운용을 2022년 5월부터 시작했다. 카미야마쵸는 많은 일본의 지방 도시들이 겪고 있는 인구 감소와 이로 인한 교통 인프라 부재에 고민하고 있었다. 이를 해소하기 위해 지역의 고령자가 병원을 가거나 쇼핑을 갈 때 지원해줄 사람을 앱을 통해 연결해주는 것이다.

1인 고령가구가 스마트폰의 앱에 어떤 활동을 위해 어디에 가고 싶은지, 어느 정도 시간이 걸릴지에 대한 정보를 입력하면 회원으로 등록된 주부 중에서 대응이 가능한 사람이 답장을 한다. 병원이나 쇼핑을 가는 것뿐만 아니라 말동무가 되어주기도 하며 전구 교환과 같은 집 안 내의 작은 부탁도 들어준다. 서비스 출시 이후 고령자들로부터 호평을 받아 앞으로 도쿠시마현 남부의 미나미쵸(美波町)에서도 시범 운영할 계획이며, 이후 순차적으로 이용 지역을 넓혀갈 생각이다.

인구주택총조사에 따르면 한국도 고령자 그룹이 1인 가구의 큰 세그먼트로 떠오르고 있다. 65세 이상 1인 가구는 2020년 166만 가구로 전체 1인 가구의 25%를 차지하며 2015년의 122만 가구에서 5년 사이에 166만 가구로 빠른 속도로 증가했다. 2050년에는 1인 가구 중 고령자가 차지하는 비중이 무려 50%를 넘어설 것으로 전망된다.

이러한 트렌드를 볼 때 한국도 고령자의 신변을 지키는 서비스에 대한 수요가 증가할 것이다. 가전제품을 제조하는 회사는 히타치와 같은 센서를 개발해보면 어떨까? 한국은 집 안에 정기적으로 구독하는 정수기, 공기청정기 등이 발달되어 있는데, 이렇게 정기적으로 방문하는 스태프를 활용해 고령가구의 건강 상태를 확인하는 서비스를 제공한다면 어떨까? 고령화 및 1인 가구가 급속히 증가하고 있는 한국에서 이러한 서비스들을 찾는 소비자들은 많아질 것으로 전망하며, 기업에게는 새로운 사업 아이템이 될 수 있을 것이다.

간병현장에서 활약하는 로봇

2023년 기준 약 1억 2,300만 명의 인구를 가진 일본은 2056년이 되면 인구가 1억 명 미만으로 줄어들 것으로 예상되며 그중 3,750만 명이 65세 이상 노인이 될 것으로 전망한다. 성인 18세부터 64세까지는 5,046만 명으로 현역 세대 1.3명이 노인 1명을 부양해야 하는 유례없는 고령화사회가 도래한다. 2025년에는 32만 명, 2040년에는 69만 명의 간병 인력이 필요할 것으로 예상되지만 턱없이 부족한 실정이다. 게다가 간병 현장은 노동 강도가 높은 데 비해 임금이 낮아 직원의 약 70%가 근속 3년 이내에 퇴사할 정도로 이직률이 매우 높다.

간병 현장의 일손 부족이 사회적 문제가 되는 이유는 전문 간병 인력이 보충되지 않으면 고령자를 결국 가족이 돌보게 되기 때문이다. 부모를 간병하기 위해 자의 혹은 타의에 의해 직장을 그만둔 소위 '간병 실업자'라는 용어가 등장할 정도다. 또 하나의 문제는 수명이 길어지면서 고령자를 간병하는 가족 또한 고령자라는 점이다. 2019년 기준, 75세 이상의 고령자를 돌보는 사람의 33%가 75세 이상이며 이 비율은 지속적으로 상승하는 경향이다. 경제산업성의 추산에 따르면 일을 하면서 부모 혹은 배우자 등을 간병하는 사람은 2030년 318만 명에 달할 것이며 이로 인한 경제적 손실은 9조 엔에 달하리라 전망한다. 특히 일본의 베이비붐 세대에 해당하는 단카이 세대가 후기 고령자인 75세에 도달하는 2025년부터 간병 니즈가 급증할 것으로 예상된다.

인구 감소와 고령화는 이미 정해진 미래다. 간병인 부족 현상을 타개하기 위해서 해외에서 인력을 받아들이거나 아니면 로봇을 활용하는 두 가지 방안이 거론된다. 고령화와 간병 일손 부족 현상은 일본만의 이야기가 아니며 전 세계적으로 비슷한 추이를 보인다. 즉 해외 인력을 확보하는 것이 쉽지 않다는 뜻이다. 앞으로 전 세계적으로 간병 인력을 확보하기 위한 경쟁이 시작될지도 모른다.

그러면 우리가 생각해볼 수 있는 해결책은 인공지능, 로봇과 같은 기술을 활용하는 것이다. 예를 들어 방 안의 센서로 고령자의 활동량을 측정해 운동 부족을 파악하거나 천장에서 내려오는 장치로 고령자의 보행을 돕는다. 스타트업이나 중소기업들도 간병 테크 분야에 눈을 돌리고 있으며 최근 고령자의 간병 현장에서 디지털 트랜스포메이션(DX) 관련 다양한 시도들이 진행 중이다.

일본 내각부가 실시한 '간병 로봇에 관한 특별 여론조사'에서 간병 경험이 있는 사람에게 '간병 시 가장 힘들었던 점이 무엇인지' 조사한 결과, 목욕, 식사, 이동 보조 등을 제치고 '배설(배설 시 동행이나 기저귀 교환)'을 꼽은 사람이 62.5%로 가장 많았다. 실제로 간병 시설당 하루 15시간 이상을 기저귀 교체에 할애하고 있으며 소변이나 대변이 새면 10배 이상의 시간이 소요된다고 한다. 이에 따라 기저귀를 열지 않고도 기저귀의 교환 시간을 알고 싶어하는 간병인들의 니즈가 매우 높아 최근 벤처 기업들이 관련 제품들을 선보이고 있다.

배뇨 감지 센서인 디프리(DFree)는 초음파 센서로 방광이 얼마나 차 있는지 모니터링하며 배설활동 시점을 예측하는 디바이스다. 디프리를 하복부에 장착하면 방광의 팽창 및 수축 정도를 확인해 배설 시간을 예측할 수 있다. 간병 직원이 고령자의 배설 시점을 스마트폰을 통해 확인함으로써 고령자의 배설을 돕거나 고령자의 기저귀를 때맞춰 교체해줌으로써 고령자가 불쾌한 상태로 오래 지내는 것을 막아줄 수 있다. 배설 문제가 해결되지 못하면 고령자는 자

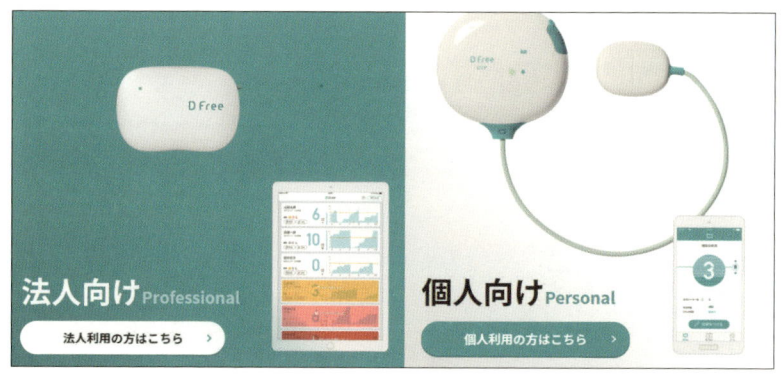

배뇨 감시 센서인 디프리
출처: 디프리 홈페이지(homecare.dfree.biz)

존심이 낮아지고 커뮤니케이션 의욕이 떨어진다. 이러한 상태가 지속되면 치매를 불러오기도 한다. 즉 배설 문제의 해결은 정신건강을 유지하고 치매를 억제하는 효과도 있는 것이다.

'기술로 누구나 간병할 수 있는 사회를 만든다'는 비전을 내걸고 있는 스타트업 아바(aba)는 냄새 센서로 대변과 소변을 감지하는 '헬프패드(Helppad)'를 개발했다. 배설물 감지 시스템은 다른 기업에서도 개발하고 있지만 대부분이 기저귀 안쪽 혹은 신체에 센서를 장착하도록 한다. 헬프패드는 신체에 센서를 부착할 필요가 없이 침대에 깔고 사용하는 시트로, 시트에 여러 개의 구멍이 있어 배설물 냄새를 흡수한다. 즉 사람의 코처럼 시트가 냄새로 배설물의 여부를 파악하는 것이다. 고령자는 평소처럼 기저귀를 차고 잠을 자는 것만으로도 배변 여부를 알 수 있다.

이러한 기능을 뒷받침하는 것은 배변을 감지할 수 있는 센싱 기

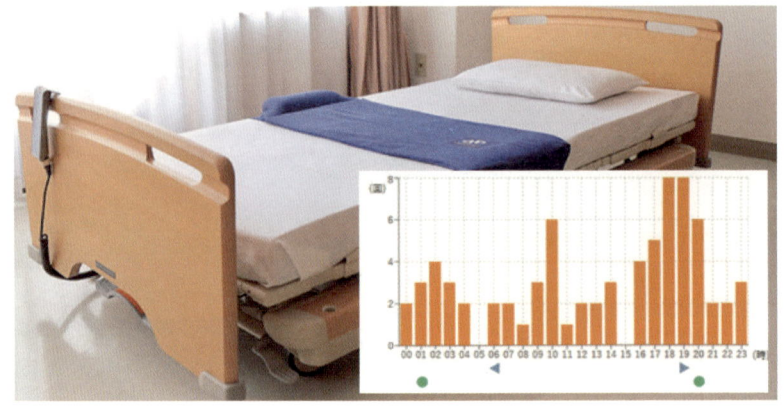

헬프패드
출처: 헬프패드 홈페이지(helppad.jp)

술과 AI 패턴 분석 기술이다. 소변과 대변을 감지하면 시트에서 클라우드에 데이터가 업로드되고 PC나 스마트폰 앱으로 열람할 수 있다. 또한 축적된 데이터를 활용해 고령자 각각의 배설 패턴을 예측하는 것도 가능하다. 실제로 헬프패드를 도입한 요양원 중에는 기저귀 점검 횟수가 59%까지 줄어든 시설도 있다고 한다.

단지 배설뿐만이 아니라 고령자의 전반적인 건강 상태를 분석하는 시스템을 도입하는 간병 시설들도 늘고 있다. 솜포(SOMPO) 홀딩스가 운영 중인 대형 요양시설을 들여다보자. 요양시설 관리자의 컴퓨터 화면에는 고령자 각각의 컨디션 정보가 표시되어 있다.

A씨: 불면 경향, 과거 1개월간 수면 시간 43% 감소
B씨: 식사량 감소, 최근 2일간 92% 감소

침대에 설치한 센서가 분석한 수면 데이터, 그리고 고령자를 돌보는 직원들이 스마트폰으로 입력한 기록을 통해 입주자들의 상태를 분석하고, 세심한 관리가 필요한 경우에는 관리자에게 알려준다.

솜포 홀딩스는 음성뿐만 아니라 표정이나 제스쳐 등을 인식해 고령자의 상태를 확인할 수 있는 대화형 로봇인 '미쿠사스(MICSUS)'도 개발했다. 예를 들어보자. 미쿠사스 로봇이 고령자에게 질문을 함으로써 대화를 시작한다. "평소에 입이 마르거나 하는 경우가 있나요?"라고 묻자 노인이 "있어요. 그럴 때 자주 호지차를 마셔요."라고 대답한다. 로봇은 "도움이 될 만한 정보를 찾아볼게요."라고 말한 후 웹사이트의 정보를 검색해 "호지차는 90도 정도의 뜨

대화형 로봇 '미쿠사스'
출처: 솜포 홀딩스 홈페이지(sompo-japan.co.jp)

거운 물을 사용하면 독특한 향이 강해져요."라고 답하며 고령자와의 대화를 이어 나간다.

미쿠사스는 AI 기술을 활용해 40억 개 이상의 웹페이지로부터 대화의 화제를 찾아온다. 그리고 대화가 시작되면 고령자의 표정으로부터 감정을 추정하거나 고개를 끄덕이는 제스처를 인식해 고령자의 의식을 판단한다. 이러한 로봇을 활용하면 정기적으로 재택을 방문해 건강 상태나 생활습관을 체크하는 간병 매니저의 역할을 로봇이 대신함으로써 방문 횟수를 줄일 수 있게 된다. 또한 로봇과 더욱 자주 커뮤니케이션을 함에 따라 고령자의 인지기능의 악화를 억제할 수 있는 장점도 있다.

이렇듯 적은 인력으로 더 많은 고령자를 돌보고 간병의 효율성을 높이기 위한 IT 기술과 로봇의 개발에 대한 투자가 이어지고 있다. 인공지능의 활용, 로봇에 의한 건강 상태 체크 등 다양한 기술을 도입하고 있으며 이는 간병 현장에서의 서비스 질 향상, 일손 부족 해소로 이어질 것으로 전망한다. 간병 산업은 노동집약적인 산업으로 필요한 인재를 확보하기 위해서도 디지털화를 통해 현장에서의 업무 부담을 줄이고 처우를 개선하는 것이 꼭 필요한 일이다.

일본이 간병의 디지털화를 서두르는 이유는 일손 부족이라는 문제를 해결하기 위함도 있지만 선제적으로 간병 관련 기술을 개발함으로써 앞으로 고령화가 진행되는 국가들 특히 동남아시아 및 중국에 관련 비즈니스를 수출할 수 있을 것으로 보고 있다. 미래의 간병은 로봇과의 공생이 당연시될 것으로 보인다.

4장

기술,
취향의 다변화와
인구 감소에 대응하다

Tokyo Trend

 기술은 우리 생활과 다양한 산업에 걸쳐 커다란 영향을 미치고 있다. 특히 IT를 활용한 기술은 하루가 멀다하고 새로운 용어가 등장하며 그 속도를 따라가기 힘들 정도다. 기술은 소비자로서의 우리의 삶뿐만 아니라 기업의 운영, 제조, 마케팅, 비즈니스 모델 등에 변화를 불러오고 있기 때문에 비즈니스 트렌드를 논할 때 기술의 변화를 살펴보지 않을 수 없다.

 하지만 IT 기술, 디지털 트랜스포메이션(Digital Transformation, DX)이라는 단어가 포괄하는 영역은 광범위하다. 이곳에서는 일본의 소비 시장을 대변하는 두 가지 키워드인 '인구 감소' 그리고 '취향 다변화'에 대응하기 위해 기업들이 어떻게 기술을 활용하고 있는지를 중심으로 살펴보고자 한다.

일본에 있어 인구 감소는 커다란 화두다. 일본의 기업들이 장기적인 관점에서 가장 고심하는 문제는 인구가 감소함에 따라 전체 소비량이 축소하는 것이다. 인구가 줄어들면서 기업들의 고객 쟁탈전은 더욱 치열해진다. 인구변화에 따른 전략을 수립하기 위해 소비자의 구매행태를 꼼꼼히 파악하고 분석한다.

동시에 소비 수준이 높아지고 소비자들의 취향은 점점 까다로워지고 있다. 최근에는 인터넷상에서 고객의 취향을 파악한 후 개인별로 맞춤형 상품을 만들어주는 서비스도 쉽게 만나볼 수 있다. 이러한 상황에서 기업들은 기술을 활용해 제품 생산 주기를 점점 짧게 만들면서 동시에 빠르게 변화하고 다양화되는 소비자 니즈에 적응하고 있다. 인구는 감소하는데 취향은 다양해지니 시장을 작게 쪼개고 특정한 고객 그룹의 니즈만을 저격하는, 즉 틈새 시장을 점유하려는 노력들이 보인다.

다양화된 고객 니즈에 대응한 제품과 서비스를 제공함에 있어 기술은 크게 두 가지 방향으로 활용되고 있다. 맞춤형 혹은 맞춤에 가까운 상품을 제공하거나, 소비자 각자의 니즈에 맞는 제품을 정교하게 추천해주는 것이다. 즉 스몰 매스를 겨냥한 상품 혹은 맞춤형 상품을 제공하거나, 최적의 상품을 제안해 소비자들의 취향에 맞추어준다.

인구 감소는 소비자의 수만을 줄이는 것이 아니다. 일본 기업들에게 소비 시장의 축소보다 더 큰 골칫거리는 인구 감소로 인한 일손 부족이다. 지난 10년간 일본 사회의 가장 커다란 화두 중 하나라고 말해도 과언이 아닐 정도로 일손 부족은 현재 매우 심각한 상황이다. 게다가 2020년 우리를 덮친 코로나19 팬데믹은 호텔, 식당과 같은 서비스업의 일손 부족을 더욱 심각하게 만들었다. 일본에서는 인구 감소에 따르는 문제를 해결할 방안으로써 기술에 주목하고 있다. 최근 국내에서도 많이 볼 수 있는 서빙하는 로봇이 점점 더 우리 생활에 들어오고 있다. 식당뿐만 아니라 우리 눈에 보이지 않는 공장의 뒷편에서도 인간과 로봇이 협동해 업무를 수행한다.

로봇은 단지 생산성을 높이기 위한 수단으로만 활용되지 않고 있다. 이제 로봇을 '친구'라 부르며 반려동물과 같은 '반려 로봇'을 들이는 소비자들도 많아지고 있다.

기술은 제조업, 서비스업, 그리고 우리의 가정 내 모습을 변화시키고 있으며 동시에 우리가 직면한 다양한 문제를 해결하는 데 활용되고 있다. 우선 기술이 변화시키는 비즈니스 현장을 살펴보러 가보자.

인공지능(AI)이 개발하는 신제품

물건과 제품이 넘쳐나는 시대다. 제품의 상향 평준화가 이루어지고 있으며 소비자들의 수준도 높아지고 있다. 그뿐만 아니라 소비자들의 취향과 트렌드도 매우 빠르게 변화하고 있다. 취향이 다양화되고 상품 주기가 짧아지면서 기업들은 개발 속도를 높여 더욱 자주 히트상품을 만들어야만 한다.

특히 소비재 분야의 환경이 크게 변화하고 있다. 일본의 소비재 기업인 라이온(LION)의 DX 추진부 관계자는 "제품의 라이프사이클이 짧아지고, 신제품 수는 10년간 20% 증가했습니다."라고 지적한다. 상품의 수명이 짧아지면서 상품 개발 속도를 높이는 것은 소비재 업체들에게 있어 시급한 과제가 되고 있다. 최근 기업들은 디지털 기술을 활용해 상품 개발 속도를 높이거나 고객들이 좋아할 만한 상품을 뾰족하게 만들어간다.

AI로 상품 개발 속도를 높이다

우리가 일상에서 매일 사용하는 소비재를 생산하는 일본의 라이온사가 신상품 개발 프로세스의 개혁을 추진하고 있다. 인공지능(AI)이 제품을 개발하는 것이다.

치약을 예로 들어보자. 치약 개발은 약 500여 종의 향료 중에서 필요한 재료를 선택해 조제하고 맛과 향을 재현하는 작업이다. 입 안의 상쾌함을 느끼게 하는 민트나 멘톨 외에도 과일향 등 사용되는 향료가 많다.

'과일 향이 나면서 자극적인 맛의 제품을 만들고 싶다' 혹은 '민트 향이 풍부한 제품을 만들고 싶다'라는 식으로 개발자가 신제품으로 만들고자 하는 치약의 이미지를 AI에 입력하자 세 가지 향료의 원료가 기재된 제품의 배합 레시피가 그 자리에서 즉시 만들어진다. 라이온은 오랜 기간 제품 개발을 담당해온 숙련된 기술자의 생각을 AI에 접목해 500여 종의 향료 중에서 최적의 재료를 자동으로 선별 및 배합해 개발 작업을 사람이 아닌 디지털 기술이 대체하는 것을 목표로 하고 있다.

라이온에는 '플레이버리스트(flavorist)'라고 부르는 치약의 풍미를 만드는 전문가 약 10명이 시행착오를 겪으며 조제 작업을 하고 있다. 제품이 타깃으로 하는 고객군의 성별, 나이, 제품 콘셉트 등에 맞춰 향료를 배합하는 섬세한 작업이다. 기존에는 숙련된 전문가라도 하나의 맛을 개발하는 데 수개월이 걸렸다. 하지만 AI를 활용하는 새로운 시스템에서는 향료 선택에 소요되는 시간을 절반으로 줄일 수 있다. 지난 10년간 라이온이 개발한 천 개가 넘는 제품 레시피 관련한 데이터를 AI가 학습했기 때문이다.

이러한 AI와 사람의 노하우를 결합한 새로운 제품 개발 프로세스는 현재 시범 운영 중이지만 라이온사는 1~2년 뒤에는 AI가 자동으로 만든 레시피를 기반으로 한 제품들을 시장에 빈번하게 출시할 계획이라고 밝혔다.

후지경제연구소에 따르면 2023년 칫솔, 치약, 구강청결제 등 구강용품의 시장 규모는 2019년 대비 2% 증가한 4,186억 엔(약 4조 1,860억 원)이 될 것으로 전망한다. 소비자들의 건강을 지향하는 마인드와 고부가가치 제품을 선호하는 니즈에 힘입어 소폭이지만 꾸준한 성장세를 보이고 있다. 라이온은 AI를 활용해 신제품의 수를 늘림으로써 다양화되고 고급화되는 소비자들의 수요에 대응할 계획이다.

고객 개개인에 맞춘 음료를 만들다

디지털 기술을 활용해 제품 개발 프로세스를 혁신하는 사례를 한 군데 더 살펴보자. 우리에게 맥주로 유명한 삿포로 홀딩스 또한 AI를 활용해 츄하이(희석식 소주에 탄산수와 과즙을 섞은 술) 캔 제품의 개발 기간을 반으로 줄이고 있다.

삿포로의 제품 개발 프로세스 또한 앞서 설명한 라이온사의 치약 개발 과정과 비슷하다. 삿포로 홀딩스는 자사가 과거에 시도한 츄하이를 만드는 원료의 배합 비율 1,200가지와 700가지의 원료의 데이터를 학습시키고 원료에 제품의 속성을 나타내는 키워드를 입력했다. 상품을 기획하는 마케터가 개발하고 싶은 츄하이의 콘셉트를 자유로운 문장 형식으로 AI에 입력한다. 예를 들어 '더운 계절에 야외에서 마시고 싶은 츄하이'를 입력하고 여기에 더해 '상큼하다', '청량하다', '산뜻하다' 등과 같은 향과 맛을 나타내는 키워드를 최대 10개까지 추가한다. 그러면 AI가 츄하이를 만들 수 있는 100가지의 배합을 제안하며, 각 배합이 마케터가 입력한 정보와 어느 정도로 매칭하는지 점수로 알려준다. 음료의 맛을 결정하는 것은 결국 무수히 많은 원료를 어떻게 조합할 것인가이다. 이러한 점에서 음료는 AI 기술을 활용하기 좋은 분야다. 삿포로 홀딩스에 의하면 이론적으로는 1조 개 이상의 조합 패턴을 만들 수 있다고 한다.

삿포로는 AI 개발을 활용해 상품 개발 속도를 크게 높이는 것이

삿포로의 츄하이 제품
출처: 삿포로 홈페이지(sapporobeer.jp)

목표다. 신제품을 출시할 때 시장 분석, 콘셉트 수립, 시제품 제작, 소비자 조사 및 사내 평가까지 보통 4~6개월 정도의 기간이 소요된다. 하지만 AI를 활용하면 이 기간을 현재의 반인 2~3개월로 줄일 수 있다. 즉 계절에 맞추어 소비자가 마시고 싶은 제품을 빠르게 시장에 출시할 수 있는 것이다.

일본의 음료업계에는 '1천 가지 종류의 제품을 출시하면 3종류만 히트한다'라는 말이 있을 정도로 경쟁이 치열하고 새로운 브랜드를 만드는 것이 어렵다. 때문에 제조업체들은 이미 인기 있는 기존의 유력 브랜드의 맛을 바꾼 파생상품을 속속 출시하는 전략으로 임하고 있다. 실제로 음료 연구소에 따르면 2010년 메이저 음료 브랜드들의 시장점유율은 72%였으나 2021년에는 그 비중이 77.2%까지 높아진 것으로 조사되었다. 즉 이미 소비자들에게 친숙한 브랜드들이 파생상품을 통해 점점 시장을 장악하고 있는 것이다. 이러한 이유로 음료 제조업체들은 개발 기간을 줄이기 위해 노력하고 있다. AI를 활용해 개발 기간을 반으로 줄이면 그때그때 팔릴 만한 상품을 시장에 빠르게 내놓을 수 있으며 브랜드의 점유율을 유지할 수 있게 된다.

동시에 최근 음료에 대한 소비자들의 취향 또한 다양해지고 있다. 최근 일본에서는 동일한 하이볼, 맥주, 혹은 츄하이 제품이지만 알코올 도수를 달리해 만든 제품들이 많다. 알코올이 없는 음료는 물론이고 알코올 0.8%의 맥주, 알코올 3.5%의 레몬 하이볼, 알코올 7%의 츄하이와 같은 제품들이다. 즉 높은 알코올 도수를 선호하는 고객, 그 반대편에는 아예 알코올을 섭취하지 않거나 1~2% 정도의 미량의 알코올 음료를 선호하는 고객 등 취향이 다양해지고 있다. 이렇게 다변화되는 고객 취향에 맞는 제품을 빠르게 출시하기 위해서 식음업계에서는 AI와 디지털 기술을 적극 활용하기 시작했으며 앞으로 이러한 트렌드는 더욱 강화될 것으로 전망한다.

삿포로 홀딩스는 자신들의 궁극적인 목표는 '고객이 만드는 츄하이'라고 밝히고 있다. 예를 들어 소비자로부터 제품의 기획 및 콘셉트를 모집한 후 AI로 빠르게 원료의 배합을 만들어 바로 상품화하고 소량만 생산하는 것이다. 고객이 제품 개발에 참여하면 브랜드 충성도를 높일 수 있다. 삿포로 홀딩스는 〈닛케이〉와의 인터뷰에서 의미심장한 말을 남겼다.

"무엇보다 중요한 것은 콘셉트에 무엇을 담을까입니다."

이제 어떻게(how) 만들지는 AI와 빅데이터가 결정하는 시대가 된 것이다. 그럼 인간의 역할은 무엇일까. 바로 무엇(what)을 만들지를 결정하는 것이다. 상품의 콘셉트를 정확하게 전달하기만 하면 히트 상품이 수일 내로 시장에 깔릴 수 있는 시대가 되고 있다. 인간의 기획력이 어느 때보다 중요한 시대다.

DX로 팔릴 만한 상품을 만든다

제품 개발에 있어 디지털 기술은 두 가지 방향으로 활용되고 있다. 앞서 살펴본 것처럼 상품 개발의 속도를 높이는 것이 첫 번째이고, 두 번째는 히트할 만한 상품을 만드는, 즉 신제품의 성공률을 높이는 것이다.

음료와 차를 제조하는 이토엔(ITOEN)은 '맛'이라는 미각을 수치로 가시화함으로써 여태까지 감과 경험에 의존했던 상품 개발 프로세스를 개선해 팔리는 제품을 만들고자 한다.

2022년 3월 출시 이후 꾸준한 인기를 모으고 있는 이토엔이 만든 '마차가 맛있는 마차 라떼'는 디지털 기술을 활용해 개발한 상품이다. 이토추가 개발한 식음료업계 전용 시스템인 푸데이터(FOODATA)를 활용하면 식품의 미각을 수치화할 뿐만 아니라 분석할 수 있다.

이토엔의 '마차가 맛있는 마차 라떼'
출처: 이토엔 홈페이지(www.itoen.jp)

여기서 잠시 푸데이터(FOODATA) 시스템이 무엇이고 어떠한 역할을 하는지 살펴보자. 푸데이터는 식품의 미각을 구성하는 요소들을 수치화하고 분석하는 시스템이다. 푸데이터는 사람의 혀의 기능을 모방한 특수한 지질막이 부착된 미각 측정 장치를 활용한다. 이 장치를 식재료에 담그면 단맛과 쓴맛을 수치로 측정할 수 있는 것이다. 푸데이터는 약 12만 종류에 달하는 식품의 맛을 미각 데이터로 저장하고 비교 분석한다. 자, 그럼 이러한 시스템을 실제 제품 개발에 어떻게 활용했을까?

이토엔이 경쟁사의 마차 라떼를 푸데이터를 활용해 분석한 결과 경쟁사 제품은 단맛이 강조된 반면 떫은맛과 감칠맛의 수치가 낮은 것을 확인했다. 이토엔은 마차 본연의 맛인 떫은맛을 강화함으로서 경쟁사 제품과 차별화할 수 있을 것으로 보았다.

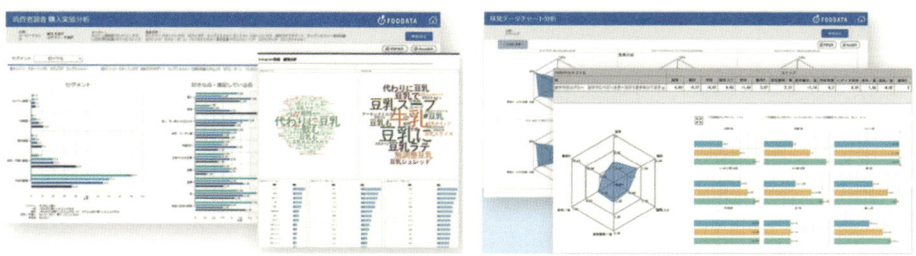

식품의 미각을 구성하는 요소들을 수치화하고 분석하는 시스템인 푸데이터
출처: 푸데이터 홈페이지(foodata.jp)

떫은맛으로 차별화가 가능할 것이라고 확신한 데에는 또 다른 이유도 있다. 이토엔은 이토추라는 그룹에 소속되어 있는데 이토추는 전국에 걸쳐 슈퍼를 포함한 다양한 유통업을 운영하고 있어 소비자 관련 데이터를 축적하고 있다. 이토엔이 포스(POS) 데이터를 분석해보니 마차 라떼는 20~30대 젊은 층보다는 50~60대 구매자가 많다는 점을 발견했다. 50~60대는 마차 본연의 떫은맛과 감칠맛을 선호하기에 이들을 대상으로 상품을 개발하면 성공할 확률이 높을 것이라 생각한 것이다.

이토엔은 지금까지 연구 개발을 위해 미각을 측정한 적은 있었지만, 실제 상품 개발에서는 감과 경험에 의존하고 있었다. 하지만 미각은 사람마다 느끼는 방식이 다르기 때문에 식음료 개발에는 어려움이 따른다. 예를 들어 마케팅 담당자가 '20대 여성을 위한 상큼하고 단맛의 제품을 원한다'라고 요청해도 구체적으로 어떤 수준의 단맛을 원하는지, 어떠한 단맛 성분을 넣어야 할지 개발 담당자와 의견이 일치하지 않는 경우가 많다.

이에 더해 최근 식품제조 업체에서는 인력 부족과 생산성 향상이 시급한 과제로 떠오르고 있다. 경제산업성의 조사에 의하면 2020년 기준, 일본 식품제조업의 종업원 1인당 노동 생산성은 672만 엔으로 제조업 평균인 1,073만 엔의 60%에 불과하다. 이러한 상황에서 식품업계들은 적극적으로 디지털 기술을 도입해 제품 개발 프로세스의 속도를 높이거나 제품 개발에 들어가는 인력을 줄이는 등 생산성을 높이기 위한 노력을 진행하고 있다.

이 외에도 최근 많은 일본의 소비재 업체들이 빅데이터, AI 기술을 활용하며 상품개발과 생산현장에 디지털 트랜스포메이션(DX)의 바람이 불기 시작했다. 치약, 음료, 식품과 같은 생활용품은 가격 인상이 쉽지 않다. 일본의 소비자들은 1엔의 가격 인상도 민감하게 받아들인다. 이에 따라 기업은 소비자들에게 제공하는 부가가치를 높이면서 가격을 올리는 전략을 취한다. 소비 수준이 높아져만 가는 고객들을 만족시키기 위해서 기업은 지속적으로 고부가가치 상품을 개발해야 한다. 그리고 이에 있어 디지털 기술이라는 도구를 활용하는 움직임이 확산되고 있다.

나보다 나를 더 잘 아는 AI

    제품 개발 과정에만 혁신이 일고 있는 것이 아니다. 제품을 유통하는 현장에서도 기술을 활용하는 움직임이 시작되고 있다. 소비자들의 얼굴 표정을 통해 감정을 분석하고 메뉴를 추천하거나 피부 피지를 분석해 나에게 최적화된 제품을 추천해준다.

    상품이 넘치는 지금, 수많은 상품 중 자신에게 맞는 최선의 제품을 선택하고 싶은 욕구는 강하다. 소비자들은 SNS와 인터넷 후기를 통해 방대한 상품 정보를 수집할 수 있게 되었지만 도리어 어떤 정보를 믿어야 할지 고민이 생겼다. 기술을 활용해 최적의 제품을 제안하는 것은 이러한 고민에 대응하는 움직임이다.

표정을 읽고 메뉴를 추천합니다

　얼굴 표정을 통해 읽어낼 수 있는 인간의 감정은 기업이 소비자의 행동을 이해하는 데 중요한 단서가 된다. 최근 감정을 읽고 해석해 이를 비즈니스에 활용하려는 수요가 늘고 있다. 얼굴 표정에서 감정을 읽는 기술이 발달하면서 다양한 방면에서 상용화가 진전되고 있다. 예를 들어 스웨덴의 한 기업은 운전기사가 피곤하거나 화가 나 있다고 판단되는 경우 휴식을 재촉하거나 음악을 틀어 화를 가라앉히기를 유도하는 서비스를 개발했다. 일본의 인재 파견 회사는 서비스직을 대상으로 웃는 얼굴을 연습하는 데 AI를 사용한다. 감정 감지 및 인식 기술의 시장규모는 2020년 236억 달러(약 30조 원)에서 연평균 13% 성장, 2027년에는 433억 달러(약 58조 원)로 커질 것으로 전망하고 있다.
　일본에서도 얼굴 표정을 AI가 읽고 활용하는 움직임이 확산되고 있다.

　"서브웨이(Subway)에서 고객이 셀프 주문 단말기 앞에 서자 20가지 메뉴 중 6개가 화면에 나타납니다. 마음에 드는 메뉴를 응시하자 별로 내키지 않는 메뉴는 서서히 다른 상품으로 바뀝니다. 30초 정도 사이에 3개의 메뉴가 추천되었습니다. 그중 하나를 고릅니다."

이는 2020년 일본 서브웨이가 실시한 실험의 한 장면이다. 고객의 시선이나 표정을 셀프 주문 단말기의 카메라가 읽고 분석해 고객이 좋아할 만한 메뉴를 제시함으로써 선택을 도와준다. 표시된 메뉴를 주시해 관심을 보이거나 무엇을 먹을지 결정하지 못해 초조해하는 표정의 변화를 AI가 추정하고 메뉴를 추천하는 것이다. 물론 AI의 제안이 마음에 들지 않으면 스스로 다시 메뉴를 선택할 수도 있다.

서브웨이 샌드위치는 빵의 종류, 야채의 양, 소스, 토핑을 자유롭게 선택할 수 있다. 메뉴 선택의 폭이 넓어 고객의 다양한 니즈에 대응할 수 있는 반면 역으로 선택하는 수고가 든다. AI가 한 사람 한 사람에게 맞추어 메뉴를 제안해준다면 주문 카운터에서 초조함을 느끼지 않아도 될 뿐만 아니라 마음에 드는 메뉴를 선택하기도 쉬어질 것이라는 생각에 이러한 시스템을 개발한 것이다. 155명의 고객을 대상으로 한 실험에서 주문하고 싶은 메뉴와 추천받은 메뉴가 약 70% 정도 일치하는 적중도를 보였으며 이용자의 80%가 추천 시스템을 호의적으로 평가했다. 서브웨이는 고객이 샌드위치를 주문하는 데 걸리는 시간을 단축함으로써 점포의 회전율도 향상될 것으로 기대한다.

우리의 얼굴은 감정을 드러내는 창이 될 뿐만 아니라 신분을 증명하는 역할을 하기에 최근 얼굴 인식 결제 시스템을 도입하는 기업들이 다수 등장하기 시작한다. 국내의 편의점들 사이에서도 얼굴 인식 결제 시스템의 실증실험이 진행되고 있다. CU의 AI 안면인식

키오스크에서는 얼굴 스캔만으로 매장의 출입과 상품 결제가 자동으로 이루어진다.

   일본 또한 얼굴인식 결제 시스템의 도입을 위한 실험이 진행 중이다. 패스트푸드 체인점인 '웬디스 퍼스트 키친(Wendy's First Kitchen)'은 주문 키오스크에서 고객의 얼굴을 카메라가 인식해 결제가 완료되는 방식을 서둘러 도입하고 있다.

   얼굴인식 결제 시스템은 소비자들의 편의를 높이기 위한 목적뿐만 아니라 점포를 방문한 고객을 이해하고 데이터를 획득하는 목적으로도 활용될 예정이다. 여태까지는 고객의 성별, 나이 등 고객 속성 데이터를 점원이 추측해 입력하는 경우가 대부분이었으며 주문 키오스크에서는 고객 속성 데이터를 얻을 수 없었다. 하지만 고

웬디스가 도입한 얼굴인식 결제 시스템
출처: 퍼스트키친 재팬 홈페이지(first-kitchen.co.jp)

객이 얼굴인식 결제를 이용할 경우 점포는 이를 통해 방문자의 성별, 나이 등의 데이터를 추정해 저장한다. 이렇게 되면 향후 고객별로 제품을 추천할 수 있는 구조 또한 만들 수 있다. 평소 고객의 주문 경향을 데이터로 축적해 알레르기에 대응한다거나 호불호가 있는 식재료는 빼는 등 1:1로 맞춤화된 메뉴의 추천이 가능해진다. 그뿐만 아니라 어떤 고객층이 어떤 상품을 선호하는지 파악해 획득한 데이터를 신상품 개발에도 활용할 수 있다.

RNA를 분석해 상품을 제안합니다

월 이용자 수 1,600만 명에 달하는 일본 최대의 화장품 리뷰 및 구매 사이트인 '앳코스메(@COSME)'에 다음과 같은 공고가 올라왔다.

"나에게 맞는 화장품, RNA로 분석해보지 않겠습니까?"

일본의 화장품 회사인 가오와 앳코스메가 소비자의 신체 데이터를 활용한 신사업을 시작했다. 가오가 보유한 피부의 피지로부터 리보핵산(RNA)을 검출하는 기술을 활용해 소비자 개개인에게 가장 적합한 화장품을 추천해주는 서비스다. RNA는 DNA의 정보를 바탕으로 효소나 호르몬을 생성하는 분자로써 RNA를 통해 피부 및 체내의 상태를 알 수 있다.

많은 여성이 사용하는 얼굴의 피지를 제거하는 필름에 스며든 피지에서 채취할 수 있는 RNA는 수 피코(피코는 1조분의 1)그램이지만 가오는 이를 약 1만 종으로 나누어 분석할 수 있다. 가오와 앳코스메는 2023년 말까지 응모자 1만 명을 모아 RNA 데이터로 피부의 성질을 유형화하는 작업을 진행한다. 예를 들어 'C형인 사람은 글리세린이 함유된 크림에 여드름이 생기기 쉽다'와 같은 화장품과 피부 유형을 매칭한 데이터베이스를 구축할 계획이다. 이렇게 되면 앳코스메 웹사이트에서 고객은 자신의 체질에 맞는 화장품을 쉽게 찾을 수 있게 된다.

앳코스메에는 36만 개에 달하는 상품이 등록되어 있다. 이용자들은 자신에게 맞지 않는 화장품을 고르는 것과 같은 선택의 실패를 경험하고 싶지 않기에 상품 후기를 읽는 경우가 많다. 화장품 유통사인 앳코스메는 RNA라는 데이터로 리뷰가 뒷받침된다면 사이트에 대한 신뢰도가 크게 높아질 것으로 기대하고 있다.

가오는 최근 고객의 데이터를 수집 및 분석하는 비즈니스에 힘을 쏟고 있다. RNA 분석 외에도 AI개발사인 프리퍼드 네트웍스(PFN, プリファード・ネットワークス)와 공동으로 '가상 인체 생성 모델'을 만들었다. 예를 들어 '여성, 50세, 신장 165cm, 체중 60kg'과 같은 몇 가지 항목만 입력하면 콜레스테롤, 중성지방 등 체질, 취향 등 최대 1,600개 항목의 특징을 추정할 수 있다. 목적에 따라 입력 항목을 늘릴수록 정교한 결과를 얻을 수 있다. 이 통계 모델을 만들

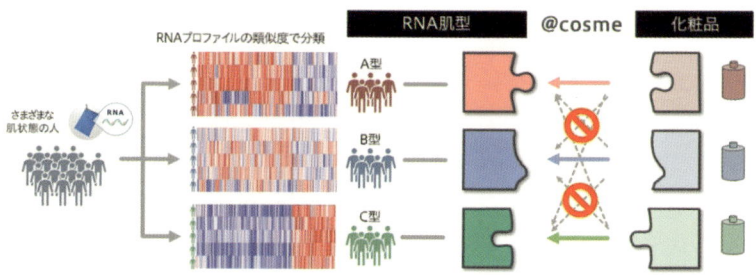

RNA를 활용한 화장품 매칭 이미지
출처: 가오 홈페이지(www.kao.com)

기 위해 1천 명을 대상으로 다항목 검사를 실시했으며, 가오가 여태까지 제품 개발 연구를 통해 축적한 인체 데이터와 의료기관을 방문한 환자의 진료비 명세서 데이터 등을 활용해 모델을 완성했다.

가오는 2025년까지 데이터 비즈니스 협력사를 100개사로 늘리고 데이터 사업의 매출을 1,500억 엔(약 1조 5천억 원)까지 키운다는 목표를 세우고 있다. 이러한 움직임의 배경에는 '광고 및 홍보비로 제품을 잘 보이게 하고, 대량의 재고와 폐기물을 양산하는 비효율적인 제조업'에 대한 위기감이 깔려 있다고 가오의 하세베(長谷部) 사장은 전한다.

하세베 사장은 이어 "궁극적으로 소비자 개인에게 최적화된 상품의 개발을 목표로 하고 있습니다."라며 "고객 각자의 체질에 맞는 화장품과 생활용품을 맞춤형으로 제공하는 것이 앞으로 가오가 나아갈 방향으로 보고 있습니다."라며 개인화된 비즈니스 모델에 대한 강한 열정을 드러내고 있다. 일본을 대표하는 화장품 제조사인 시세이도(Shiseido) 또한 피부 성질을 파악해 개개인에 맞는 스킨케어를 조언하는 서비스를 시작했다.

고객 맞춤형으로 제품을 만드는 기업도 늘고 있다. 유니레버 재팬의 샴푸 '라브리카'는 이용자가 약 30개 항목의 설문지에 응답하면 성분 조합을 제안해주며 온라인에서 구매할 수 있다. 조합은 2만 가지가 넘으며 샴푸와 트리트먼트 세트가 7천 엔(약 7만 원) 정도다. 이러한 맞춤형 비즈니스 모델은 여태까지 D2C(Direct to Consumer) 모델로 소비자들과 직접 소통하는 벤처 기업이 주로 시작했으나 최근에는 대기업들도 맞춤형 생산을 시도하고 있다.

이러한 맞춤형 제조 및 추천 전략은 까다롭고 수준이 높아진 소비자들의 니즈에 대응하는 것뿐만 아니라 브랜드 이미지에 긍정적인 영향을 미친다. 대량 생산 및 대량 소비 모델에서는 자연스럽게 폐기물도 많이 발생한다. 개인화 상품은 상품의 부가가치를 높일 뿐 아니라 폐기물을 줄이는 데도 도움이 된다. 환경 보호에 대한 사회와 소비자의 요구에 대응하는 전략이 될 수도 있다.

로봇과 인간이 함께 일하는 세상

로봇이라고 하면 사람들은 흔히 제조라인에서 규칙적으로 정확하게 움직이는 로봇을 떠올린다. 하지만 이제 로봇은 산업 현장을 넘어 우리 일상에 침투하고 있다. 최근 한국에서도 식당에서 그릇을 나르는 서빙 로봇이나 커피를 내리는 바리스타 로봇을 종종 만나볼 수 있듯이 레스토랑, 호텔, 쇼핑몰 등 로봇이 활약하는 장소가 넓어지고 있다.

로봇은 크게 산업용 로봇과 비산업용 로봇으로 나뉘는데, 산업용 로봇은 공장에서 작업을 수행하는 로봇을 의미하며 보통 효율성을 높이는 목적으로 활용한다. 반면 비산업용 로봇은 '서비스 로봇'이라고 불리며 서비스 현장에서의 사람의 일을 도와주는 로봇을 의미한다. 일손 부족이 심각한 상황인 일본에서는 스타트업들이 서비스 로봇을 연이어 개발하고 상용화가 이루어지고 있다. 실제로 조리, 주방정리, 청소, 심지어 간병 현장까지 로봇이 가능한 작업의 범위 또한 넓어지고 있다.

사람 대신 로봇이 운영하는 음식점

일본 내 음식점에서의 일손 부족은 심각한 상황으로, 이를 해결하기 위해 음식점의 다양한 업무를 분담하는 로봇 개발이 한창이다. 정교하게 움직이는 로봇의 팔은 인간의 손을 대신하고, 무엇을 집어야 할지 판단이 가능한 화상인식 센서나 인공지능은 인간의 눈을 대신함으로써 로봇이 가능한 일이 늘고 있다. 소바면을 데치는 로봇, 햄버거 패티를 굽는 로봇, 패스트푸드점에서 감자를 튀기는 로봇, 타코야키를 굽는 로봇 등 로봇이 만들 수 있는 요리의 종류도 늘어나고 있다.

'커넥티트 로보틱스(Connected Robotics)'가 개발한 타코야키 로봇은 철판에 기름을 칠하는 것부터 접시에 담는 것까지 로봇이 담당한다. 직원은 단지 문어 등의 식재료를 잘라서 두기만 하면 된다. 또한 로봇이 화상센서로 타코야키의 구워진 정도를 인식해 언제 뒤집어야 하는지도 판단한다. 이뿐만 아니라 콘을 올리면 소프트크림을 자동으로 만들어주는 로봇이라던가 감자튀김을 튀기는 로봇 등 다양한 로봇이 개발되어 판매 중이다. 앞으로 패스트푸드 체인점에서 뜨거운 기름 앞에서 직원이 직접 감자를 튀기는 모습을 보기 힘들어질지 모르겠다.

요리뿐만이 아니다. 식기 정리는 음식점에서도 부담이 큰 작업 중 하나로 식기 정리 작업을 도와줄 로봇 개발에 스타트업들이 도전하고 있다. 테크 매직(TECH MAGIC)은 식기를 세척한 후 센서로 식기의 종류를 확인하고 로봇의 팔이 식기를 들어 올려 종류에 따라 수납하는 로봇을 개발했다. 또 다른 스타트업인 스마일 로보틱스(Smile Robotics)는 다 먹은 음식의 식기를 치우는 로봇을 선보였다. 로봇은 바퀴가 달린 선반처럼 생겼으나 팔이 달려 있어서 식기나 컵을 사람의 도움 없이 치우는 것이 가능하다. 식기의 종류나 위치는 3차원 센서와 AI가 판단한다.

외식업계는 수익성 압박에 시달리고 있다. 인구가 줄고 인건비가 상승하면서 수익은 줄고 지출은 높아진다. 튀김덮밥, 샐러드 바 등 다양한 외식 업태 560점포를 보유한 로얄홀딩스(Royal Holdings)는 IT 기술을 도입해 단순 작업 및 노동력이 많이 필요한 업무는 로봇에게 맡기고 직원들은 접대 서비스에 집중하는 방향으로 전환하고 있다. 로얄홀딩스의 대표의 말을 통해 앞으로 식당의 모습이 어떻게 변화될지 예측해볼 수 있다.

"육체 노동은 로봇이, 두뇌 노동은 AI가 충분히 대체할 수 있는 영

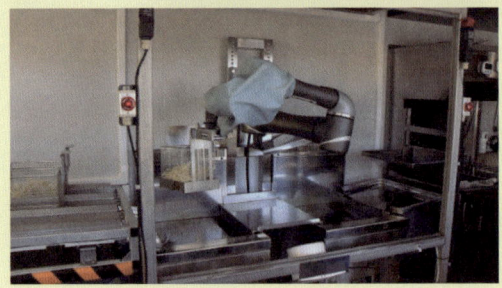

면을 삶는 로봇과 감자를 튀기는 로봇
출처: 커넥티드 로보틱스 홈페이지(connected-robotics.com)

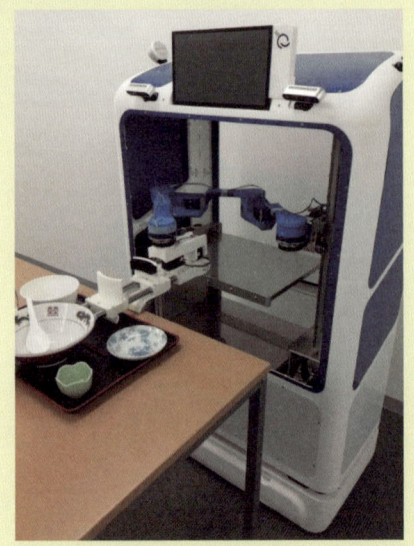

스마일 로보틱스가 개발한 식기 치우는 로봇
출처: 스마일 로보틱스 홈페이지(smilerobotics.com)

역입니다. 직원들의 의견을 조사한 결과 재고 조사, 본사 보고, 청소 등 단순 작업에 스트레스를 느끼는 것을 알 수 있었습니다. 이러한 영역은 기술을 통해 자동화시키고 직원들은 감정 노동인 서비스에 집중하도록 만들 것입니다."

호텔과 공항에서 일하는 로봇

단순 반복적인 작업이 많은 제조업에서는 일찍부터 로봇이 활용되기 시작했지만 임기응변이 요구되는 작업이 많은 서비스업에서는 로봇의 보급이 늦어졌다. 하지만 일손 부족이 심각해지고 인공지능 기술이 진화하면서 다양한 상황에 대응이 가능한 로봇이 속속 등장하고 있다. 지금은 쉽게 찾아보기 힘든 존재이나 서비스업에 로봇이 스며드는 것은 시간 문제다.

서비스업에서 활용되는 서비스형 로봇 시장은 빠르게 확대 중이다. 물류, 의류, 간호 등의 분야를 포함한 업무 및 서비스형 로봇의 글로벌 시장 규모는 2025년 4조 5천억 엔(약 45조 원)에 달할 전망이다.

호텔에서도 로봇을 활용하려는 움직임은 확산되고 있다. 도쿄 신주쿠의 워싱턴 호텔에서는 룸서비스를 시키면 사람이 아닌 로봇이 음식을 배달한다. 딜리버리 로봇인 스마일(S-mile)이 가져온 상품을 꺼내고 사인한 전표를 돌려준다. 서비스를 평가해달라는 요청에 별 5개 만점을 주자 기뻐하며 머리를 흔든다. 로봇은 보통 프론트 옆에서 대기하다가 고객의 요청이 들어오면 스태프가 상품을 실어주고 방 번호를 입력한다. 로봇이 알아서 엘리베이터를 타고 지정된 층에서 내려서 방까지 운반한다. 사람이나 장애물이 있으며 멈추거나 피한다.

상업시설의 청소 업무에도 로봇이 활용되고 있다. 도쿄 내 쇼핑몰인 '다이버 시티 도쿄 플라자'는 야간 청소를 위해 로봇 3~5대를 도입했다. 로봇은 3차원 카메라 등을 사용해 벽이나 장애물을 피하면서 바닥의 먼지를 빨아들인다. 쇼핑몰이 청소 로봇을 도입한 이유 또한 청소 인력이 부족하기 때문이다. 통로의 구석이나 벽면, 화장실 등 로봇이 청소하기 힘든 구역은 사람이 담당하고 다른 부분은 로봇에게 맡긴다. 로봇과 직원이 함께 일함으로써 효율적인 청소가 가능하다.

접객, 물류, 서비스업 등에 로봇이 도입되면서 아직 미숙한 로봇의 판단을 사람이 돕는 형태도 많이 찾아볼 수 있다. 향후 스스로 알아서 판단하고 모든 일을 하는 완전 자동형 로봇의 미래가 올 것으로 예견하지만 현재 우리가 가진 AI 기술 수준에서는 완전한 자율형 로봇의 활용이 쉽지 않은 상황이다. 이에 따라 로봇과 사람이 협동해 과제를 해결하는 형태로 로봇을 활용하는 경우가 많다. 이미 제조업 공장에서는 인간과 로봇이 협동해 작업하고 있다. 우리의 실생활에서는 어떻게 로봇과 인간의 협동이 가능할지 살펴보자.

워싱턴 호텔에서 활약하는 배달 로봇 스마일
출처: 워싱턴 호텔 홈페이지(www.shinjyuku-wh.com)

오사카의 한 빵집에는 2022년 4월부터 '소타'라는 이름의 로봇 판매원이 상주한다. 소타는 방문객에게 인사를 하거나 빵을 추천하기도 한다. 소타의 목소리는 오사카의 다른 동네에 거주하는 사람의 목소리다. 목소리는 로봇의 기계음처럼 들리지만 실제로 떨어진 곳에 거주하는 직원이 로봇에 장착한 카메라로 고객의 모습을 확인하고 그에 따라 목소리의 텐션이나 강약을 조절한다.

소타는 고객의 목소리를 AI로 파악해 자동으로 얼굴을 돌리거나 손을 흔드는 것은 가능하다. 하지만 고객이 어디에 서서 어떤 빵을 보고 있는지까지 AI가 파악하는 것은 힘들다. 이때 직원이 카메라 너머로 손님의 모습을 보고 추천할 빵을 정해서 말을 건다. AI가 고객에게 반응하지만 추천은 사람이 직접하는 형태라고 이해하면 될 것이다.

여기까지 들으면 그러면 '굳이 로봇을 활용할 이유가 있을까'라는 생각이 들 것이다. 사람을 대체하기 위해 로봇을 도입한다면서 조작을 위해 로봇에 사람을 1명 배치한다면 비용 면에서 전혀 이점이 없다. 하지만 소타를 다양한 장소에 배치하고 1명의 사람이 4대 혹은 5대의 로봇을 맡는다면 다른 이야기가 된다.

실제로 소타를 만든 '사이버 에이전트(Cyber Agent)'와 오사카대학은 슈퍼, 공항 등과 제휴해 약 100대의 소타를 배치한 후 접객 업무를 수행하는 실험을 진행 중이다. AI를 병용하면서 AI가 대응하지 못할 때는 사람이 대응한다. 예를 들어 쇼핑몰을 방문한 고객이 어느 상품이 어느 층에 있는지를 묻는다면 쇼핑몰 관련 정보

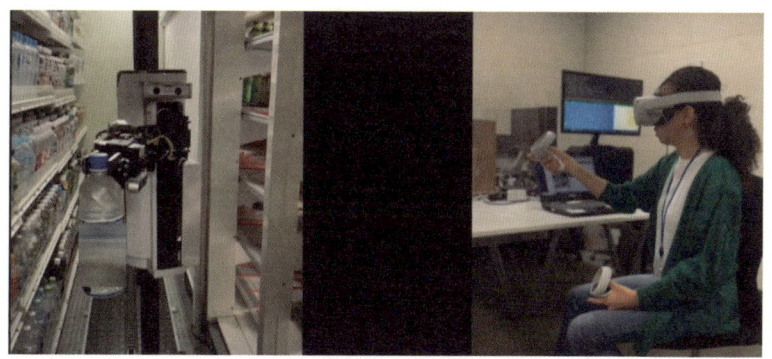

편의점에서 물건을 보충하는 로봇과 이를 원격으로 보조하는 사람
출처: 텔레이그지스턴스 홈페이지(tx-inc.com/en/home)

는 이미 데이터에 저장되어 있기에 고객의 질문에 자동으로 대답이 가능하다. 하지만 로봇이 예상하지 못하는 질문을 받으면 사람으로 교대해서 안내한다. 로봇의 이점은 그대로 살리면서 로봇이 미숙한 부분은 사람이 보충함으로써 접객 서비스의 질을 유지하는 것이 가능한 것이다.

일본의 편의점인 패밀리마트 점포에서는 로봇이 음료를 보충하는 작업을 진행한다. 스타트업인 텔레이그지스턴스(テレイグジスタンス)가 개발한 로봇이 상품을 집어 자동으로 나열한다. 하지만 AI가 대응할 수 없는 사태가 벌어지면 사무실에 대기하는 직원이 VR 고글을 착용하고 로봇을 원격 조작해 물건을 진열하기 시작한다. 공장과 같은 생산 현장에서 활용하는 산업용 로봇과 달리 점포나 창고에서 사람과 함께 일하는 로봇은 임기응변에 대응할 필요가 있다. 그리고 현재 AI만으로는 이러한 현장을 100% 통제하는 것이 불

가능하다. 텔레이그지스턴스는 로봇을 원격 조작하는 거점을 필리핀과 같은 동남아 국가에 만들 예정이라고 한다. 소프트웨어의 개발 등을 인건비가 싼 해외로 옮기는 사례는 많지만 육체 노동을 이관하는 사례는 드물다. 통신환경만 갖추면 언어의 장벽도 큰 문제가 없다고 한다.

인구가 줄어드는 일본은 이제 로봇과 협력하지 않으면 안 되는 상황이다. 로봇과 사람이 함께 일하는 새로운 비즈니스 모델이 생겨나고 있다.

반려동물 대신 반려로봇

'로봇'이라는 단어를 들으면 우리는 자연스럽게 공장을 떠올리게 된다. 하지만 앞서 살펴본 것처럼 로봇이 상업시설과 서비스 현장에 침투하고 있다. 그리고 더 나아가 이제 일반 가정에서도 로봇을 쉽게 볼 수 있다. 가정용 로봇은 크게 청소 및 요리를 도와주는 '가사 로봇'과 의사소통을 위한 '소셜 로봇'으로 나뉜다. 최근 일본에서는 특별한 기능 없이 오로지 주인과의 정서적 교감만을 위해 만들어진 소셜 로봇이 인기를 끌고 있다. 반려동물 대신 소셜 로봇을 집에 들이는 사람들이 늘어나고 있는 것이다.

소셜 로봇의 주요 특징은 로봇이 사람을 돕거나 지원하는 것이 아니라 사람이 로봇을 돕거나 돌보고 싶다고 느끼게 한다는 점이다. 꼬리를 흔드는 로봇, 간지럼을 태우면 웃는 로봇, 손가락을 반복해서 깨무는 로봇 등 소셜 로봇들은 아주 단순한 한두 가지 기능을 가지고 사람들의 마음을 파고든다.

신에너지 및 산업기술 종합개발기구(NEDO)에 의하면 일본의 소셜 로봇 시장이 2025년 36억 엔(약 360억 원), 2035년에는 그 10배에 달하는 341억 엔(약 3,400억 원) 규모에 도달할 것으로 예측한다. 정서적 교감에 특화된 로봇이란 대체 무엇인지, 그리고 이 로봇이 사람들의 마음을 파고드는 비결은 무엇인지 살펴본다.

손가락 깨물기, 꼬리 흔들… 로봇 맞아?

소셜 로봇의 사례들을 살펴보면 한 가지 공통점을 찾을 수 있다. 기능이 매우 단순하다는 점이다. 꼬리를 흔들거나, 간지럼을 태우면 웃거나, 손가락을 살짝 깨무는 등 한두 가지 기본 기능만 가지고 사람들의 마음을 파고든다.

일본의 유카이공학(ユカイ工学)이 만든 '쿠보(Qoobo)'는 동그란 쿠션에 꼬리만 덩그러니 달린 로봇이다. 얼굴은 없지만 반응형 기술을 탑재한 쿠보는 마치 살아 있는 고양이처럼 꼬리를 흔든다. 쿠보를 안고 있으면 주인은 흡사 반려동물을 안고 있는 것 같은 느낌을 받을 수 있다. 제조사에 따르면 이 로봇은 반려동물이 꼬리를 살

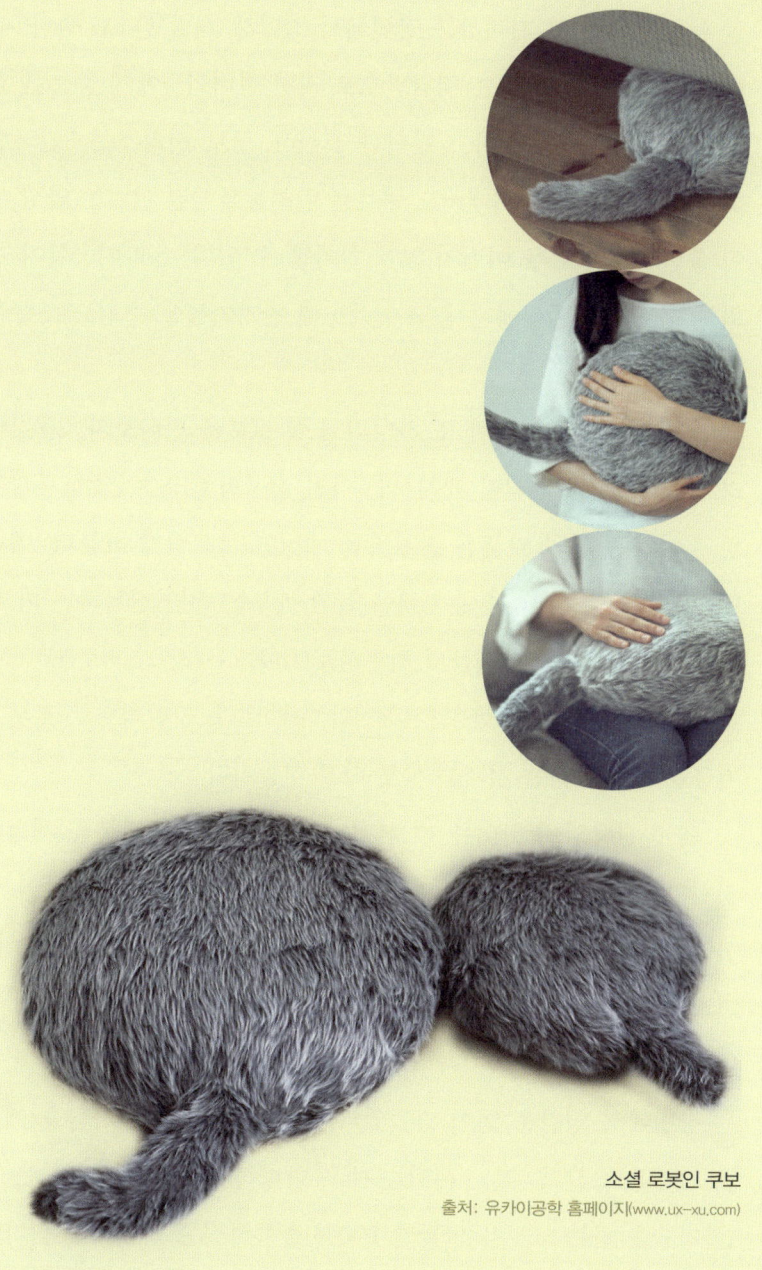

소셜 로봇인 쿠보
출처: 유카이공학 홈페이지(www.ux-xu.com)

살 흔들면 주인이 기뻐하는 장면에서 착안해 개발됐다고 한다. 이렇게 꼬리를 흔들어주는 행위만으로 지친 현대인들에게 충분한 위로와 안식을 줄 수 있다고 판단한 것이다. 쿠보 시리즈는 3만 4천 대 이상 팔렸으며 SNS에서도 쿠보를 반려동물처럼 여기는 열성 팬이 올린 게시물들을 어렵지 않게 찾아볼 수 있다. 유카이공학이 개최한 쿠보의 팬미팅에는 응모가 쇄도해 참가자들을 추첨으로 뽑아야 했을 정도다.

유카이공학이 출시한 또 하나의 소셜 로봇을 만나보자. 2022년 라스베이거스에서 열린 세계적인 가전 전시회 CES2022에 등장한 한 강아지 모양의 로봇은 손가락을 내밀면 부드럽게 깨문다. 이런 단순한 기능을 가진, 즉 손가락을 살짝 깨무는 것만 반복하는 이 로봇은 이름부터 '살짝 깨물기 하무하무(甘嚙みハムハム, 하무하무는 무언가 깨무는 움직임을 표현하는 일본어의 의태어)'다. 일반적으로 로봇을 떠올릴 때 기대하는 것과는 사뭇 다른 기능이다.

왜 손가락의 첫마디를 깨문다는 희한한 기능의 로봇을 개발한 것일까? 소셜 로봇의 개발 아이디어는 '어떠한 과제를 해결해야 할까'가 아니라 '무엇이 사람을 기쁘게 하는가'에서 출발한다. 쿠보는 반려동물이 꼬리를 살살 흔들면 주인이 기뻐하는 장면에 착안해 개발했다. 하무하무는 아이가 어릴 때 손가락을 깨물면 부모가 기뻐하는 장면에서 영감을 얻어 만들었다. 하지만 아이가 손가락을 깨무는 기쁨을 즐길 수 있는 시기는 매우 한정적이다. 유카이공학은 같은 기능을 하는 로봇을 만들면 100% 충족하진 못하더라도 손가락

손가락을 살짝 깨무는 로봇 '하무하무'
출처: 유카이공학 홈페이지(www.ux-xu.com)

을 물렸을 때의 기쁜 감정을 언제든 느낄 수 있다고 생각한 것이다.

또 다른 인기 소셜 로봇으로 일본의 스타트업 그루브엑스(GROOVE X)가 2019년 12월 출시한 '러봇(LOVOT)'을 들 수 있다. 높이 43cm, 무게 약 4kg의 바퀴 달린 인형인 러봇은 재택근무 중인 주인에게 다가가 안아달라고 재촉한다. 부르면 달려오고, 간지럼을 태우면 웃기도 한다. 스마트폰 앱으로 눈동자의 색, 목소리를 선택해 고객이 자신만의 로봇을 만들 수 있고, 주인과의 접촉 빈도에 따라 성격이 조금 바뀌기도 한다.

2021년 3월 등장한 파나소닉이 만든 커뮤니케이션 로봇 니코보(NICOBO)도 크게 다르지 않다. 니코보는 직경 20cm에 체중은 1kg으로 어루만지면 눈을 움직이거나 꼬리를 흔든다. 사람과의 커뮤니케이션이 가능하도록 센서나 마이크 정도는 탑재하고 있지만 고차원적인 상호작용을 하기보다는 아이처럼 애매한 표현이나 잠꼬대, 방귀, 눈 피하기 등 귀여운 행동을 하면서 주인을 웃기는 게

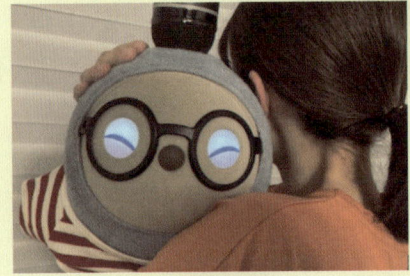  
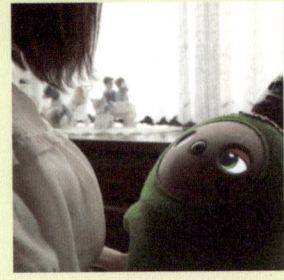 

일본의 인기 소셜 로봇인 '러봇'
출처: 그루브엑스 홈페이지(groove-x.com)

소셜 로봇 니코보
출처: 니코보 홈페이지(ec-plus.panasonic.jp/store/page/NICOBO/)

전부다. 최근 등장하고 있는 스마트 스피커나 사물 인터넷(IoT) 기기에 비하면 기술적으로 특별할 게 없다. 하지만 이렇게 단순한 제품인데도 크라우드펀딩을 통해 판매를 개시한 지 불과 7시간 만에 목표 금액인 1천만 엔(약 1억 원)이 넘는 금액을 모으며 320대를 완판하는 기록을 세웠다.

소셜 로봇이 사랑받는 이유

일본에서 이렇게 소셜 로봇이 사랑받고 있는 이유는 사회인구학적 변화와 관련이 깊다. 1인 혹은 2인 가구가 대세가 되고 외로움을 달래기 위해 반려동물을 들이는 사람들이 많아지면서 반려동물 시장이 거대해진 것과 맥을 같이한다. 고양이나 개를 키우면 되지 않냐 생각할 수 있지만 알레르기가 있거나, 시간적 혹은 금전적 여유가 없거나, 집이 좁은 등 다양한 사유로 반려동물을 집에 들이기 힘든 사람들도 많다. 바로 이런 사람들에게 소셜 로봇이 대안이 될 수 있다. 소셜 로봇은 먹이를 주거나 산책을 하지 않아도 되고 아프거나 말썽을 부리지도 않기 때문이다.

또한 소셜 로봇의 확산은 고령화와도 연관이 있다. 특히 1인 고령가구가 증가하고 있는 상황에서 소셜 로봇은 독거노인의 외로움을 달랠 뿐만 아니라 신변을 보호해줄 수도 있다. 실제로 러봇의 경우 머리에 달린 카메라를 통해 주인의 상황을 파악하고 혼자 사는 고령가구의 모습을 가족들에게 보내주기도 한다.

이러한 인구구조의 변화에 더해 코로나19 팬데믹의 확산 이후 외출이 줄고 혼자서 지내는 시간이 많아진 점도 소셜 로봇 시장의 성장을 앞당겼다. 비대면 상황에서 얼굴을 맞대고 이야기하는 기회가 줄어들수록 고립감은 심화될 수밖에 없다. 하지만 누군가에게 의지하거나 누군가를 지지하고 싶어 하는 욕구는 인간의 본능이다. 소셜 로봇과의 커뮤니케이션은 코로나19로 인해 지친 사람들의 심신을 달래면서 더욱 인기를 끌었다.

일본의 IT 기업 '저스트시스템'의 조사에 따르면 소셜 로봇의 구입을 원하는 가장 큰 이유는 '최신 기술에 관심이 있어서(46.8%)'였고, 두 번째 이유가 '마음을 치유받고 싶어서(45.5%)'였다. 새로운 로봇 기술에 대한 호기심도 당연히 인기의 배경으로 작용하고 있지만 소셜 로봇이 첨단 기술의 집약체가 아니라 비교적 단순한 커뮤니케이션 기능만을 탑재하고 있다는 점을 고려하면 기술적 요인만으로 소셜 로봇의 약진을 설명하기 힘들다. 실제로 두 번째 이유에 이어 '집에서 보내는 시간을 보다 충실히 하고 싶어서(28.6%)', '말하거나 놀 상대가 필요해서(27.3%)', '자녀나 애완동물처럼 귀여워할 수 있는 존재가 필요해서(23.4%)' 등과 같은 심리적인 이유가 높은 순위를 차지했다.

소셜 로봇이 여는 비즈니스 기회

　다양한 소셜 로봇이 출시되면서 일본에서는 파생 시장도 형성되고 있다. 대표적인 예가 2021년 9월 시부야에 오픈한 로봇 카페 '파크플러스(PARK+)'다. 이 카페는 소셜 로봇과 놀 수 있는 공간이다. 마치 반려동물 카페처럼 본인의 소셜 로봇을 데려와 함께 노는 것도 가능할 뿐만 아니라 로봇이 없는 사람도 식사나 음료를 주문하면 카페 내에 상주하는 인기 로봇들과 함께 놀 수 있다.

　파크플러스는 로봇이 아직 익숙하지 않은 사람들이 로봇과 함께하는 라이프스타일을 경험할 수 있도록 만든 카페다. 공원에서 반려견을 산책시키는 주인들은 서로 초면이더라도 반려견이라는 공통의 화제 덕분에 자연스럽게 대화를 나누는 경우가 많다. 마찬가지로 파크플러스는 로봇이라는 공통의 화제를 통해 대화를 나누고 교류가 시작되는 공간을 만드는 것을 목표로 하고 있다.

전용 카페뿐만 아니라 로봇 전용 옷 브랜드도 흥미로운 비즈니스다. 일본의 '로보유니(ROBO-UNI)'는 2016년 창업 이후 여러 로봇을 위한 의상을 선보이고 있다. 이 회사에 따르면 로봇 옷이라는 독특한 사업 아이디어는 '반려동물이나 인형은 옷이 있는데 왜 로봇은 전용 옷이 없을까'라는 의문에서 나왔다고 한다. 특히 서비스 현장에서 일하는 로봇은 외모가 똑같으면 구분하기 힘들기 때문에 유니폼을 입힘으로써 로봇을 구분하거나, 로봇이 어떤 일을 하는지 식별할 수 있도록 하자는 생각이 사업의 발단이 됐다. 창업 초기 로보유니는 주로 레스토랑 같은 서비스 업종에서 일하는 로봇의 옷을 만들었다. 하지만 최근에는 소셜 로봇을 위한 옷도 다수 출시하고 있으며, 앞서 등장한 쿠션 로봇인 쿠보의 옷도 조만간 등장할 예정이다.

로보유니가 만드는 로봇 전용 옷
출처: 로보유니 홈페이지(robo-uni.com)

지금까지 살펴본 소셜 로봇은 국내에서도 성장할 여지가 충분한 시장이다. 일본 소셜 로봇 시장 확대의 배경으로 꼽히는 1인 가구의 증가, 고령화, 비대면 문화의 확산은 한국에서도 똑같이 나타나고 있기 때문이다. 물론 아직은 소셜 로봇이 낯설기 때문에 '과연 시장이 커질까'라는 의문이 들 수 있다. 일본에서도 시장 형성 초기에는 과연 소셜 로봇에 대한 수요가 있을까 반신반의하는 시각이 더 우세했다. 그래서인지 많은 제조사가 제품을 본격적으로 출시하기에 앞서 크라우드펀딩을 통해 소비자들의 반응을 살폈다. 니코보, 쿠보, 하무하무 로봇도 크라우드펀딩 사이트에서 먼저 소개된 뒤 예상외로 인기가 높다는 점이 확인된 다음에야 정식 제품으로 출시되었다.

향후 소셜 로봇의 인기가 예상된다면 어떤 소셜 로봇을 만들어야 경쟁력이 있을까? 어떻게 하면 사람들의 마음을 파고드는 로봇을 만들 수 있을까? 손가락을 깨무는 로봇을 개발한 유카이공학이 〈닛케이〉와의 인터뷰에서 밝힌 회사의 상품 개발 프로세스를 보면 한 가지 힌트를 얻을 수 있다.

"많은 회사가 가상의 페르소나를 상정하고 그 사람에게 닥친 문제를 해결하는 것을 생각하면서 상품을 기획합니다. '과제해결형' 상품 기획인 거죠. 하지만 저희는 '그냥 이게 갖고 싶다'는 마음을 더 중시합니다. 이런 개인의 망상에서 시작된 아이디어를 구체적인 형태로 만드는 것입니다."

세상의 과제를 해결하는 방식으로 접근하는 것도 중요하지만 다른 기업이 만들 수 없는 차별화된 상품을 내놓기 위해서는 '과제 해결'을 넘어 사람들의 정서적, 심리적 반응에 초점을 맞추는 관점 또한 중요하다. 일상의 문제를 해결해주는 것이 아니라 '그냥 갖고 싶다'는 욕구를 겨냥하고 감성에 접근하면 여태까지 없던 소셜 로봇의 아이디어가 떠오를지도 모르겠다.

Tokyo Trend Insight

5장

친환경, 아깝다는 정신을 십분 발휘하다

Tokyo Trend

ESG, SDGs, 친환경… 최근 소비 트렌드를 논할 때 빠지지 않고 등장하는 단어들이다. 친환경뿐만 아니라 ESG(Environmental, Social, Governance: 기업의 지속가능성을 달성하기 위한 비재무적 지표) 경영, SDGs(Sustainable Development Goals: 지속가능 발전의 이념을 실현하기 위한 인류 공동의 17개 목표)라는 단어도 쉽게 들을 수 있으며 소비자들은 친환경 활동에 참여하고 사회에 공헌하는 브랜드를 적극적으로 소비하기 시작한다.

국내에서도 친환경 활동 및 소비에 관심이 높아지고 있다. 소비자들은 배달음식 주문 시 일회용품을 안 받거나, 쇼핑할 때 일회용 비닐 대신 장바구니를 사용한다. 또 일반 샴푸 대신 고체 비누를 사용하는 것과 같은 활동들을 통해 친환경 소비에 참가하고 있다. 기업들 또한 환경표지 인증을 받는다거나 종이 빨대와 같은 친환경 소재로 제품을 변경하는 등의 행보를 보이고 있다. 특히 MZ세대는 기업의 친환경 활동에 높은 관심을 보이고 있다. '대학내일'이 2021년 실시한 조사에 따르면 MZ세대의 88.5%는 환경 문제가 심각하다고 인지하고 있다. 환경 관련 콘텐츠 및 정보를 찾아보고 공부하는 사람의 비율도 44.2%에 이르며 환경 관련 챌린지와 캠페인에 참여하고 싶다는 응답도 53.4%에 달했다. 이에 더해 많은 국가가 환경 관련 규제를 강화하고 있기에 이제 상품을 개발할 때 환경을 고려하는 것이 필수인 시대가 되었다.

환경에 공헌하는 새로운 비즈니스 모델들도 등장하고 있다. 생소한 자원을 재활용하거나 상품으로 만드는 서비스들이 속속 탄생하고 있다. 환경오염의 주범이라고도 불리는 의류 산업도 환경오염을 줄이기 위해 옷을 만드는 프로세스를 디지털화하는 혁신이 일고 있다. 편의점을 필두로 해서 유통업체들도 친환경 활동에 동참하고 있다.

이제 제품과 서비스를 제공하는 기업이든 소비자든 어느 쪽도 '친환경'이라는 거대한 흐름을 피해 갈 수 없다. 지금 일본에서는 어떠한 친환경 비즈니스들이 탄생하고 있을까? 친환경이라는 미션을 달성하면서 동시에 비즈니스적으로도 수익을 내는 기업들을 통해 친환경 비즈니스에 대한 아이디어를 얻어보자.

먼지가 팔리는 상품이 되다, 버려지는 재료의 재탄생

친환경 비즈니스 중에서도 최근 기업들의 진출이 가장 활발한 분야는 업사이클링(Upcycling), 즉 버려지는 재료나 제품을 활용해 상품으로 재탄생시키는 비즈니스다. 예를 들어 샌드위치를 만들 때 버려지는 식빵의 모퉁이를, 혹은 재고가 남아 냉장 보관되고 있는 화과자를 사용해 수제 맥주를 만드는 것이다. 최근 벤처기업부터 대기업까지 폐기물을 활용한 시장에 참가하는 기업들은 증가하고 있는 추세다. 그중에서도 기발한 아이디어로 화제가 되었거나 소비자들의 사랑을 받고 있는 제품들을 소개한다.

먼지를 파는 회사, 역발상에서 탄생한 히트 상품

　에히메현 이마바리시(今治市)는 일본 제일의 수건 생산지로 그 품질이 좋기로 유명하다. 그런데 최근 이마바리의 한 염색업체가 이색적인 제품을 선보여 화제를 모았다. 수건을 염색할 때 발생하는 솜뭉치를 발화제로 만들어 캠핑 마니아들의 마음을 사로잡은 것이다. 수건을 제조하는 과정에서 나오는 폐기물을 어떻게 상품으로 만들 생각을 하게 된 것일까?

　일본 유수의 수건 산지인 이마바리시의 지명을 딴 '이마바리의 먼지(今治のホコリ)'라는 이름의 신상품이 화제가 되었다. 제품을 듣는 순간 고개를 갸우뚱하게 된다. '먼지를 판다고?' 이 상품은 수건의 염색 공장에서 발생하는 솜뭉치로 만든 점화제다. 점화제란 캠핑 시 모닥불을 피울 때 쉽게 불을 붙일 수 있도록 돕는 제품이다.

　이마바리의 먼지를 만든 곳은 니시센코(西染工)라는 70년의 역사를 자랑하는 염색 회사다. 니시센코는 이마바리의 수건 제조업체들로부터 의뢰를 받아 수건의 염색을 담당해왔다. 고온의 염액에 원단을 담그고 기계로 건조시켜 색을 입히는 염색은 대량의 에너지를 사용한다.

　니시센코는 20년 전부터 환경에의 부담을 줄이기 위한 배관을 단열재로 덮거나 에너지 효율이 좋은 기계를 도입하는 등의 대책을 시행해왔다. 대규모 설비 투자 이외에 할 수 있는 일은 다 했다고

염색 공장에서 버려지는 솜뭉치로 만든 점화제 '이마바리의 먼지'
출처: 니시센코 홈페이지(nishisenkoh.com)

생각했던 당시 눈에 띈 것은 공장 한쪽에 놓여 있던 봉지에 담긴 솜뭉치였다. 염색한 수건을 건조시키면 건조기 필터에 솜뭉치가 달라붙는다. 니시센코의 경우 그 양이 하루에 120리터 쓰레기봉투 2개 분량, 즉 240리터에 달하며 당연히 처리 비용도 발생한다. 그뿐만 아니라 솜뭉치 쓰레기가 쌓이면 전기 합선으로 인해 공장 화재가 발생하는 등 솜뭉치는 염색 공장의 골칫거리 중 하나다. 하지만 이러한 불에 잘 타는 성질을 역으로 이용해 점화제를 만들 수 있지 않을까라는 생각을 하게 된 것이다.

이러한 생각을 하게 된 계기는 니시센코의 상품개발부장인 후쿠오카(福岡) 씨가 캠핑 매니아였기 때문이다. 캠핑에서 모닥불을 피울 때 불꽃을 옮겨 붙이는 불씨가 필요한데 공장에서 나온 솜뭉치를 사용해보니 놀라울 정도로 쉽게 불이 붙는 것을 발견했다.

"원래는 모두 버려지는 폐기물이지만 이를 그대로 살릴 수 있다는 점, 이러한 포인트가 기존 제품과 차별화될 수 있다고 확신했습니다."

이마바리의 먼지가 인기를 끈 이유는 시중에서 판매되는 점화제는 화석연료를 함유하고 있어 외형도 검은색 혹은 갈색 등이 대부분인데 이마바리의 먼지는 수건 염색 시 나오는 솜뭉치를 모아 만들기에 색상이 다채롭기 때문이다. 솜뭉치의 화려한 색상을 알기 쉽게 보여주기 위해 일부러 투명한 용기를 채택했다. 이마바리의 먼지는 공장에서 매일 발생하는 5가지 색상의 솜뭉치 중 2~3가지 색을 조합해 수작업으로 포장하기 때문에 하나도 똑같은 제품이 없다. 다양한 색상을 활용해 시작한 크리스마스용, 발렌타인데이용 등 기간 한정 상품도 호평을 받았다.

2022년 2월 제품이 출시되자마자 지역 신문과 방송국, 아웃도어 전문지, 그리고 전국 인터넷 뉴스에도 소개되면서 인기를 모으기 시작했다. 자사의 인터넷 몰 이외에 대형 아웃도어 숍에서도 판매가 되는 등 판로가 확대되며 출시 이후 매출은 꾸준히 상승세를 이어가고 있다.

이쯤 되면 자연스럽게 이런 생각이 든다. "염색 과정에 나오는 먼지를 담아서 팔기만 하면 되다니, 모방 업체들이 금세 생겨나겠군." 하지만 의외로 타업체가 동일한 상품을 만드는 것이 쉽지 않다고 한다. 현재 니시센코가 이용하는 염색기는 건조 후 필터에 붙은 솜먼지를 그때 그때 사람의 손으로 제거하는 방식이다. 이러한 방식이기 때문에 다양한 색상의 솜먼지를 색상별로 분리해 회수할 수 있다. 이에 반해 인근 염색 공장 대부분은 집진기로 솜먼지를 일괄적으로 제거하는 방식의 건조기를 사용하기에 색상별로 먼지를 모으는 것이 불가능하다.

전혀 쓸모없어 보이는 먼지도 반짝이는 아이디어로 가치를 부여하면 히트 상품으로 태어날 수 있다는 점을 이마바리의 먼지가 증명하고 있다.

버려지는 생선을 밀키트로

바다에서 잡히는 생선 중에서 의외로 많은 생선이 버려지는 것을 알고 있는 사람은 거의 없을 것이다. '미이용 생선'이란 시장에서 팔기에 사이즈가 너무 작거나 혹은 큰 경우, 혹은 일반 소비자들에게 잘 알려지지 않은 품종이어서 구입하는 사람이 적다는 이유로 인해 시장에 나가지 못하고 버려지는 생선을 의미한다. 미이용 생선은 일본 어획량의 30%를 차지할 정도로 생각보다 많은 양의 생선이 버려진다고 한다.

이렇게 시장에 나가지 못하고 버려지는 미이용 생선을 밀키트로 만들어 집으로 배달해주는 구독 서비스인 '피셸(Fishlle!)'이 주목받고 있다. 이용되지 못하고 폐기되는 생선의 존재에 주목한 사람

은 벤나즈(ベンナーズ)라는 회사를 창업한 27세의 이구치(井口) 대표다.

"미이용 생선의 비중은 일본 어획량의 30~40%에 달합니다. 또한 일본에서 잡히는 생선은 3,800종류에 달하지만 우리가 가정에서 먹는 생선은 단 20종류뿐입니다. 이는 평균 200만 엔(약 2천만 원)으로 알려진 어부들의 연봉이 오르지 않는 이유 중 하나가 되고 있습니다. 이러한 사회적 과제를 해결하고자 회사를 창업하게 되었습니다."

2018년 회사를 설립한 이구치 대표는 처음에는 미이용 생선을 이자카야와 같은 외식업에 판매하는 서비스를 구상했다. 2019년 10월부터 서비스를 시작했으나 2020년 초부터 확산된 코로나 19로 인해 외식업체들의 휴업이 이어지면서 새로운 판로를 개척하지 않으면 안 되는 상황이 닥쳤다. 이에 이구치 대표는 이자카야가 아닌 일반 가정을 새로운 타깃으로 선정한다. 미이용 생선을 활용해 밀키트를 만들면 가정에서도 받아들여질 것이라 생각했다.

"생소한 생선이라도 현대인의 라이프스타일이나 기호에 맞는 형태로 가공하고 조리하면 반드시 소비자들에게 받아들여질 것입니다. 수산업계의 오랜 과제인 일반 가정에서의 생선 소비량 감소도 해결할 수 있을 것입니다. 하지만 이를 위해서는 가정에서도 쉽게 먹을 수 있도록 더욱 섬세하게 가공 및 조리하는 과정이 필요합니다. 생선을 먹고 싶

버려지는 생선을 이용해 만든 밀키트 피셸
출처: 피셸 홈페이지(fishlle.com)

지만 생선을 손질할 시간도 기술도 없는 사람을 타깃으로 맛의 종류를 풍부하게 해서 반가공한 밀키트를 제공하고자 결심했습니다."

기업고객이 아닌 일반 소비자 그룹으로 타깃 고객을 변경하고 리브랜딩을 거쳐 2021년 3월, 피셸이라는 브랜드를 론칭했다. 밀키트로 만들어진 생선을 한 달에 한 번 가정으로 배달하는 서비스로 잡힌 생선을 공장에서 일일이 손질하고 가공 및 조리해 신선할 때 순간 냉동한다. 당일 배달되는 생선의 종류를 확인한 후 맛과 식감을 바탕으로 어떤 레시피로 조리할지 결정하는데, 서비스 시작 후 이용한 생선과 새롭게 고안한 레시피는 약 50종류에 달한다.

피셸 구독 서비스를 시작할 당시의 주된 타깃층은 맞벌이를 하는 40대 주부였으나 최근 음식에 관심이 높은 30~50대 독신, 그리고 시니어층까지 타깃 고객을 넓히는 중이다. 이를 위해 피셸은 레시피의 종류를 지속해서 늘려가고 있다. 레시피를 풍부하게 준비함으로써 다양한 생선의 조리가 가능하며 구독자들이 질리지 않고 먹을 수 있기 때문이다. 또한 피셸은 생선의 양념에 있어 착색료나 보존료는 일절 사용하지 않는데 이러한 점도 소비자들의 지지를 받는 이유가 되고 있다.

별다른 광고를 하지 않았지만 버려지는 생선을 활용한다는 점이 언론에 자주 소개되고 서비스를 구독해본 소비자들의 입소문이 확산되면서 2022년 말 기준 구독자 약 5,500명, 월 매출 약 2,500만 엔(약 2억 5천만 원) 규모의 사업으로 성장했다.

쓰다 남은 화장품으로 그리는 그림

일본의 화장품 제조사인 코세(KOSE)는 2020년 4월, 지속가능성에 관한 목표와 구체적인 활동을 포함한 '코세 서스테이너빌리티 플랜(KOSE Sustainability Plan)'을 발표했다. 그리고 지속가능성 활동의 일환으로 긴자에 위치한 플래그십 점포인 '메종 코세 긴자(Maison Kose Ginza)'에 그린 아트리에(Green Atelier)를 마련, 다 쓰지 못하고 버려지는 화장품을 활용해 그림을 그리는 워크숍을 진행하고 있다.

코세는 매직워터라는 특수한 용액을 사용해 아이섀도, 블러셔 등 분말 화장품을 물에 녹는 물감으로 변환했다. 이렇게 쓰다 남은 화장품으로 만든 물감을 활용하는 것을 스밍크 아트(smink art)라고 부르는데 코세는 몽가타(モーンガータ)라는 회사가 제작한 스밍크 아트 키트를 사용해 그림을 그리는 워크숍을 개최한다.

실제로 고객들에게 조사를 한 결과 화장품을 끝까지 다 쓰는 사람은 적은 것으로 밝혀졌다. 몽가타가 실시한 조사에 따르면 전체 응답자의 86.3%가 화장품을 다 쓰지 못하고 버린 경험이 있었다. 쓸모없게 된 옷이나 잡화는 온라인 중고 앱으로 팔거나 친구에게 양도할 수 있지만 화장품은 위생 문제로 개인 간 거래가 쉽지 않은 상품이다. 또한 피부에 직접 도포하는 아이섀도나 블러셔는 보존 상태가 나쁘면 잡균이나 바이러스가 번식해 피부 트러블의 원인이

버려지는 화장품을 활용해 물감으로 변환하는 스밍크 아트
출처: 코세 홈페이지(kose.co.jp)

될 수 있기 때문에 아까워도 다 쓰기 전에 버리는 사람도 많다.

스밍크 아트 키트를 개발한 몽가타 대표이사 다나카(田中寿典) 씨는 원래 화장품 제조업체에서 화장품의 연구 개발을 담당했는데 다음과 같은 계기로 스밍크 아트 키트를 구상하게 됐다.

"내가 개발한 화장품을 끝까지 즐겁게 쓸 수 있는 방법을 고안하고 싶었습니다."

색조 화장품을 만드는 회사들은 메이크업에 관한 연구를 오랜 기간 진행해왔기 때문에 이들이 만드는 화장품은 색과 펄의 배합이 매우 정밀하게 조정되어 있다. 예를 들어 언뜻 보기에는 핑크처럼 보이는 아이섀도에도 빨강, 파랑, 실버 등의 반짝이가 배합돼 있어 보는 각도나 대상의 움직임에 따라 다르게 보인다. 일반 물감에도 반짝이가 들어간 것은 있지만 이처럼 치밀하게 색상이 배합 조정된 제품은 없다고 한다. 다나카 씨는 컬러 화장품을 물감으로 재사용함으로써 일반 물감에는 없는 매력을 만들 수 있다고 생각한 것이다.

이렇듯 코세는 스밍크 아트를 통해 화장품에 새로운 가치를 부여하고 다른 용도로 재사용할 것을 제안하고 있다. 워크숍에 참가한 소비자들은 화장품을 물감으로 만드는 활동을 통해 자신이 가지고 있는 화장품의 색상의 아름다움을 재인식했다는 의견을 전한다. 또한 화장품을 다 쓰지 않고 버리는 일종의 죄책감에서 벗어날 수 있었다는 의견이다.

버려지는 야채가 크레파스로 변신

신선식품과 밀키트를 집으로 배달해주는 업체인 오이식스(Oisix) 또한 업사이클링 식품에서 새로운 시장 기회를 발견하고 있다. 2021년 7월에 업사이클링 식품 전용 브랜드인 '업사이클 바이 오이식스'를 론칭하고 자사의 밀키트를 만드는 과정에서 버려지는 식품에 부가가치를 더해 상품으로 만들고 있다.

대표적인 상품은 버려지는 야채를 이용한 스낵이다. 냉동 브로

 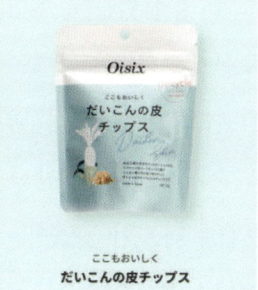 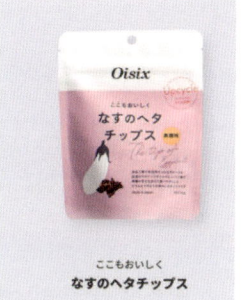

버려지는 야채를 활용해 만든 칩스
출처: 오이식스 홈페이지(oisixradaichi.co.jp)

콜리의 제조 과정에서 남은 줄기 부분을 활용한 '브로콜리 줄기 칩스'와 절임 무를 만드는 과정에서 버려지는 무의 껍질을 활용해 만든 칩, 그리고 가지의 꼭지를 활용해 만든 칩 등이다. 브로콜리는 폐기되는 줄기가 전체 질량의 25%나 차지하지만 여태까지 활용 방법이 없어 폐기되었다. 오이식스의 채소를 가공하는 군마현의 공장에서는 월 최대 약 1.5톤의 브로콜리 줄기와 약 4톤의 무 껍질이 폐기되고 있었다고 한다. 오이식스는 칩스를 포함한 총 6종류의 상품을 제조함으로써 출시 후 약 6개월 동안 15톤의 버려지는 식품을 줄일 수 있었다.

남는 식재료를 식품 이외의 용도로 재사용하는 경우도 있다. 카레와 조미료를 주로 제조하는 '하우스 식품'은 제조 과정 중에 폐기되는 재료를 크레파스의 원료로 활용하는 노력을 20년 전부터 시작했다. 노력의 결과, 채소와 과일을 이용해 만든 '오야사이 크레용(おやさいクレヨン)'을 개발했다. 제품 개발 후 '도쿄 인터내셔널 기

프트 쇼'와 같은 박람회에 출점했는데 예상 이상으로 많은 바이어와 미디어가 제품에 주목했으며 뉴스에도 소개가 되었다. 개발 당시 타깃 고객이었던 20~30대 부모 세대뿐만 아니라 조부모 세대에게도 인기가 있었는데 '손자 손녀에게 안심하고 사용할 수 있는 크레파스를 선물하고 싶다'는 니즈가 높았다.

채소를 이용한 크레파스에 이어 만든 제품은 카레를 만들 때 폐기되는 계피, 강황 등의 향신료를 사용해 '채색하는 향신료 크레파스(彩るスパイス時間CRAYONS)'다. 향이 강한 향신료, 예를 들면 시나몬을 활용한 크레파스에서는 은은하게 시나몬의 향을 느낄 수 있다. 2020년 크라우드 펀딩 사이트인 '마쿠아케'에서 판매를 시작한 결과 목표액의 20배가 넘는 금액이 모일 정도로 반응이 좋았다.

하우스 식품이 카레를 만들 때 폐기되는 향신료를 사용해 만든 크레파스
출처: 하우스 식품 홈페이지(housefoods.jp)

이렇듯 지금 과일, 빵과 같은 식품을 넘어 화장품, 공장에서 발생하는 먼지에 이르기까지 다양한 제품군에 있어 폐기물의 가치를 재검토하고 이를 제품으로 만드는 업사이클 활동이 활발하게 이루어지고 있다. 이마바리의 먼지 사례에서 볼 수 있듯이 생각지도 못한 재료를 활용해 만든 제품은 소비자들의 호기심을 불러일으키기에 충분하다.

현재 업사이클링 제품들은 대부분 기존 제품보다 살짝 가격이 높은 경향이 있다. 오이식스가 개발한 칩스의 경우도 한 봉지에 430엔(약 4천 원)으로 일반적인 칩스에 비해 높은 가격이지만 출시 1주일 만에 완판되는 등 판매가 호조를 보이고 있다. 오이식스에 의하면 야채 쓰레기를 그냥 버리는 것이 더 저렴한 경우도 있기 때문에 가격을 높이지 않으면 수익이 나지 않는다고 한다. 그렇기에 업사이클링 제품이 소비자들로부터 선택받기 위해서는 제품 자체에 매력이 있어야 한다.

'친환경'이라는 가치를 내세우며 '환경에 좋으니까 구입해주세요'라는 것만으로 소비자들에게 어필할 수 없다. 환경에 공헌하는 것은 물론이지만 제품 자체에 매력이 있어야 소비자들의 선택을 받을 수 있을 것이다. 소비자들이 추가적인 비용을 지불하더라도 먹고 싶은, 사용하고 싶은 제품을 만드는 것이 친환경 제품 시장에서 성공하는 비법일 것이다.

남겨진 음식을 구출해줘!

유엔식량농업기구(Food and Agriculture Organization)에 따르면 전 세계에서 한 해 동안 생산되는 식량 40억 톤 중 약 9억 3천만 톤이 식량으로 사용되지 못하고 쓰레기로 버려진다. 세계자연기금(WWF)에 의하면 매해 약 25억 톤의 음식물 쓰레기가 발생하는 것으로 추정되며 음식물 쓰레기에서 발생되는 온실가스는 글로벌 온실가스 배출량의 약 10%에 이를 것으로 추정된다.

이렇게 폐기되는 음식물로 인한 환경 문제에 대한 우려가 높아지면서 폐기되는 음식을 줄이려는 비즈니스도 세계 각국에서 등장하고 있다.

"우리는 마침내 2억 개의 음식을 구했습니다."

2023년 3월, 세계적으로 인기를 얻고 있는 앱인 투굿투고(Too Good To Go)는 이렇게 선언했다. 투굿투고는 지역의 레스토랑과 슈퍼마켓에서 대량으로 버려지는 식료품을 저렴하게 구매할 수 있는 서비스다. 2016년 코펜하겐에서 탄생한 서비스는 순식간에 인기를 끌며 현재 17개국, 총 7,500만 명이 이용하고 있다. 투굿투고의 특징은 소비자가 매장에서 제품을 받기 전까지 내용물을 알 수 없는 '랜덤' 형식이라는 점이다. 등록 매장은 13만 4천 개에 달하며 창업 7년 만에 누적 판매량 2억 개를 달성, 기업가치가 10억 달러가 넘는 유니콘으로 성장했다.

일본의 식품 폐기량도 심각한 수준이다. 농림수산성에 따르면 연간 약 600만 톤, 금액으로는 약 9천억 엔(약 9조 원)의 규모에 달하는 음식이 버려진다고 추정되는데, 이는 전 세계의 기아 인구를 먹일 수 있는 식량 지원량에 거의 맞먹는 양이다. 편의점 산업이 발달한 일본에서는 슈퍼마켓이나 편의점에서 팔리지 않거나 또는 유통기한이 지나서 발생하는 식품 손실이 275만 톤으로 전체 손실 중 약 46%를 차지한다. 특히 편의점에서 판매하는 도시락과 같은 제품의 경우, 위생관리를 엄격하게 하기 때문에 유통기한이 지나는 음식은 전부 폐기되는 것이 현실이다.

식품 로스가 사회적 문제로 떠오름과 동시에 비즈니스 찬스를 찾는 기업들도 눈에 띈다. 버려질 운명에 처한 음식과 소비자를 연결하거나 앞서 살펴본 업사이클링의 일환으로 버려지는 음식을 활용해 새로운 상품으로 만드는 등 남겨진 음식을 줄이기 위한 비즈니스들이 새롭게 등장하고 있다.

리베이크, 팔리지 않는 빵을 저렴하게

로스 빵은 아직 먹을 수 있지만 팔리지 않고 남겨져서 버릴 수밖에 없는 빵을 의미한다. 로스 빵은 베이커리 업계가 오랫동안 고민해온 문제로 수요 예측을 아무리 자세히 해도 로스 빵을 없애기는 힘들다고 한다. 버려지는 빵이 발생하는 것을 막을 수 없다면, 역으로 이를 활용하는 것이 문제를 개선하는 최선책이라는 생각에서 출발한 서비스가 리베이크다.

리베이크(Rebake)는 로스 빵을 판매하려는 전국의 베이커리와 소비자를 매칭 하는 빵 전문 통신 판매 사이트다. 리베이크가 식품 로스 중에서도 빵에 주목한 이유는 빵은 다른 음식에 비해 소비 기한이 길고 로스 빵에 대한 수요가 많기 때문이다. 또한 개인이 경영하는 베이커리의 대부분은 인터넷 판매를 하지 않기 때문에 '리베이크의 웹사이트를 통해서만 구입할 수 있는 빵'이라는 점으로 차별화가 가능하다.

로스 빵은 점포의 사정 및 일별 판매상황에 따라 언제 재고가 생

로스 빵을 판매하려는 전국의 베이커리와 소비자를 매칭하는 서비스인 리베이크

출처: 리베이크 홈페이지(rebake.me)

길지 알 수 없다. 그래서 로스 빵을 구입하고 싶은 사람은 '이 가게에서 로스 빵이 나오면 사고 싶다'고 예약을 해둔다. 실제로 로스 빵이 발생하면 집으로 빵을 배달받는데, 인기 빵집은 예약 고객이 20~30명에 달해 때로는 몇 달을 기다리는 경우도 있다고 한다.

리베이크는 가맹점으로부터 시스템 이용료 및 결제 서비스 이용료로서 매출의 15%를 받는다. 리베이크의 주요 고객층은 30~40대 여성인데, 2019년 말에는 약 3만 명이었던 이용객 수가 2020년 5월에는 약 5만 명까지 회원이 빠르게 증가했다.

식품 로스를 줄이는 것이 목표이지만 리베이크가 거래를 할 베이커리를 선별하는 기준은 '빵이 맛있는가, 이용자에게 매력적인가'이다. 그래서 리베이크 웹사이트에서는 '식품 로스'라는 표현은 사용하지 않는다. 리베이크의 대표는 사회공헌뿐만 아니라 맛있는 빵을 제공하는 것이 비즈니스의 핵심이라고 전한다.

남은 음식을 구출해주세요

2018년 4월에 시작한 서비스인 타베테(Tabete)는 요리가 남아버릴 수밖에 없는 음식점과 남은 음식을 저렴한 가격에 구입하고 싶은 소비자를 매칭하는 플랫폼이다. 반찬 가게나 레스토랑이 타베테의 앱에 저녁 시간 이후 팔리지 않고 남은 음식을 저렴한 가격에 등록하면, 근처에 있는 회원이 스마트폰으로 구입하고 집에 가는 길에 들러서 픽업해 가는 서비스다.

타베테는 지하철역 안에 위치한 점포들이 많이 등록되어 있는데 그 이유는 지하철 이용객 수는 날씨에 따라 변동이 크기에 상품의 판매량이 일정하지 않기 때문이다. 물론 역 내의 점포들은 고객들이 귀갓길에 들르기 편하다는 장점도 있다. 타베테에 출품되는 음식 가격은 점포마다 다르지만 상한 680엔(약 6,800원), 하한 250엔(한화 약 2,500원)으로 설정되어 있다. 점포 측은 남은 음식이 소비자와 매칭될 경우 타베테에 수수료로 150엔(약 1,500원)을 지불한다.

가장 흥미로운 점은 남은 음식을 구입하는 것을 '레스큐(rescue, 구조하다)'라고 불러 남은 음식을 먹는 것에 관해 부정이 아닌 긍정적인 이미지를 갖도록 한다는 점이다. 고객들은 레스큐를 통해 친환경 활동에 동참하는 뿌듯함을 느낄 수 있다.

타베테 서비스는 특히 코로나19 이후 주목받으며 2020년 1월 21만 6,496명이었던 사용자 수가 같은 해 4월에 25만 1,104명으로 늘며 약 16% 증가했다. 웹사이트에 올라온 점포 수도 506개에서 878개로 1.7배 증가했고 '레스큐'라고 불리는 매칭 건수는 월간 1,870회에서 6,392회로 3개월간 3.4배 급증했다.

유통기한이 임박한 상품, 맛이나 품질에는 문제가 없으나 패키지가 손상되었거나 규격 사이즈에 맞지 않는다는 이유로 유통되지 못하는 상품을 유통하는 인터넷 몰도 다수 등장하고 있다. 대표적

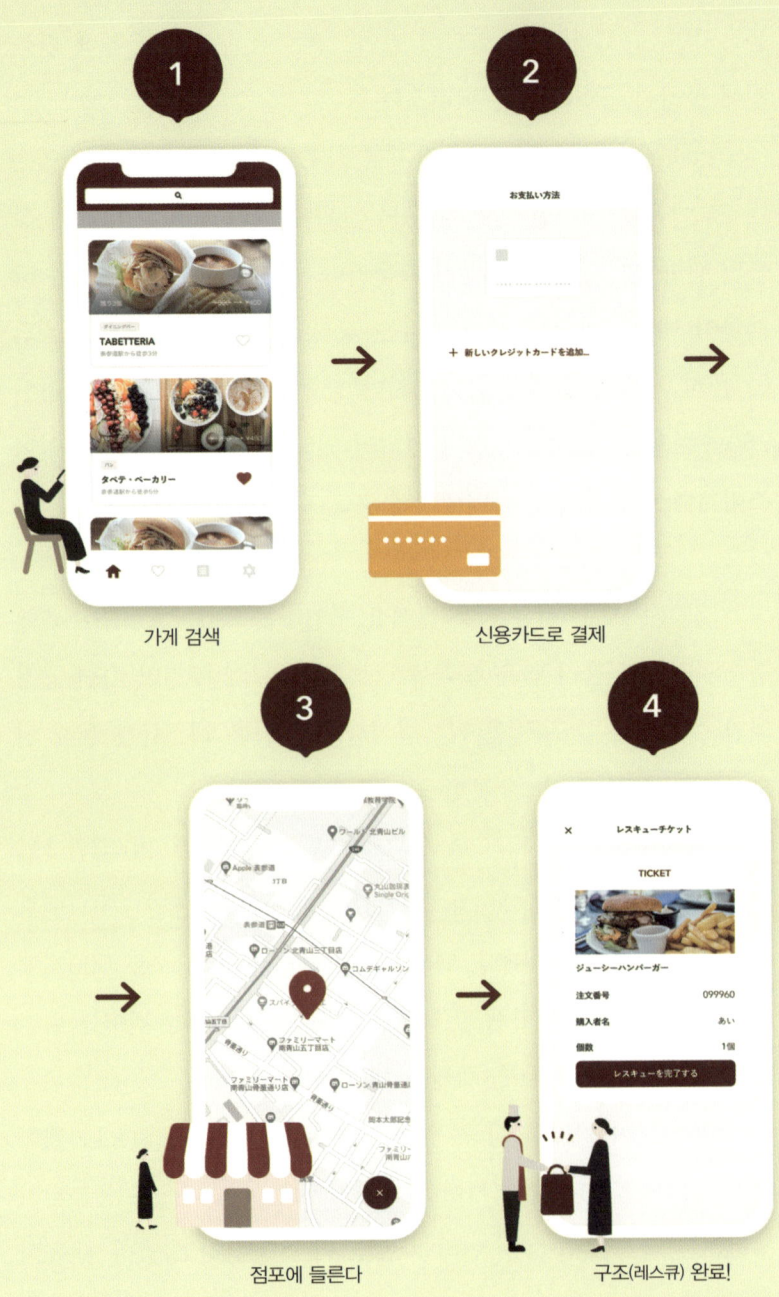

타베테의 사용방법
출처: 타베테 홈페이지(tabete.me)

쿠라다시 쇼핑몰
출처: 쿠라다시 홈페이지(kuradashi.jp)

으로 온라인 몰 '쿠라다시(クラダシ)'를 들 수 있다. 쿠라다시는 호텔과 레스토랑 등에서 사용하는 업무용 식품 중에서 유통기한이 임박한 상품을 저렴한 가격으로 소비자들에게 판매한다. 쿠라다시 또한 코로나19 팬데믹 기간 중 사업이 급성장했는데 당시 호텔과 레스토랑의 휴업이 늘면서 처분이 곤란한 업무용 상품을 취급해달라는 요청이 늘었기 때문이다. 코로나19로 인해 외출을 자제하는 사람이 늘고 여행 수요가 줄자 레스토랑과 호텔에서 유통기한이 지난 업소용 식품이 급증한 것이다.

쿠라다시는 기본적으로 자사가 재고를 보유하지 않고 업체와 소비자를 연결하는 플랫폼의 역할을 한다. 예를 들어 5월이 되면 초콜릿을 처분하려는 업체가 늘어난다. 점차 기온이 올라가면서 일반 창고에서는 초콜릿이 녹아내리기 때문에 추가 비용을 들여 냉장 창고에 보관해야 하기 때문이다. 이러한 업체들에게 의뢰받아 사이트에 식품을 게재한다. 상품이 팔리면 제조업체가 직접 택배업체를 활용해 소비자에게 배달한다.

가공식품의 경우 원가가 20~30%인 경우가 많은데, 원가를 회수하기 위해 쿠라다시에 자사의 제품을 올리고 싶은 제조업체들의 상담이 끊이지 않는다고 한다. 이 경우 쿠라다시 사이트에서는 판매 수수료를 얹어 식품 정상가에서 65% 정도 할인된 가격으로 판매하고 있다. 그리고 쿠라다시에서 판매한 가격의 3~5%는 사회복지나 환경보호 등의 지원단체에 기부한다.

쿠라다시는 업체로부터 의뢰받은 상품의 대부분은 완판시킴으로써 폐기물을 남기지 않는 것으로 유명하다. 완판의 노하우는 창업 후 수년간에 걸쳐 쌓아온 가격과 판매 수량과의 관계를 기록한 빅데이터다. 쿠라다시는 현재 이 데이터를 활용해 가격 결정을 지원하는 인공지능 시스템도 개발하고 있다.

쿠라다시가 등장하기 전에도 유통기한이 얼마 남지 않은 제품을 인수해 판매하는 업체는 다수 존재했다. 하지만 대부분은 매장이나 인터넷 할인점에서 팔아 치우고 그래도 남으면 결국 식품을 폐기하는 경우가 많았다. 쿠라다시는 판매 가격의 일부를 기부한다는 점, 그리고 정확한 가격 책정을 통해 상품을 남기지 않아 폐기물을 제로로 만든다는 점에서 제조자와 소비자들로부터 좋은 평가를 받고 있다.

식빵으로 만드는 맥주

최근 식품 제조 과정에서 버려지는 잔여물을 재활용하는 활동이 식품업계에서 확산되고 있다. 식빵의 테두리나 야채를 손질하면서 버려지는 쓰레기가 또 다른 식품으로 재탄생하고 있다. 식품의 업사이클링을 통해 음식물 쓰레기 문제를 해결하고자 하는 시도들을 소개한다.

도라야키 혹은 만쥬●와 같은 일본의 전통 과자로 수제 맥주를 만드는 곳이 있다. 생각지도 못한 원료로 소비자들의 마음을 사로잡아 히트 상품을 탄생시킨 곳은 마쓰에시(松江市)에 위치한 다이콘시마 양조장(大根島醸造所)이다.

만쥬로 맥주를 만드는 아이디어는 2021년 가을, 인기 만쥬인 도조스쿠이 만쥬(どじょう掬いまんじゅう)를 생산하는 식품회사로부터의 상담에서 시작되었다. 만쥬에는 문제가 없지만 사이즈가 다르게 나왔거나 모양이 조금 망가져 나온 '규격 외 제품'이라 불리우는 만쥬를 재활용하고 싶다는 문의였다. 규격 외 제품은 식품에는 문제가 없지만 판매 규격에 맞지 않기에 그동안 시식으로 주로 활용했다. 하지만 코로나19 팬데믹 이후 매장 내에서 시식을 금지하면서 규격 외 만쥬가 냉장고에 계속 쌓이기 시작한 것이다.

● 일본의 과자로 밀가루, 쌀 등의 반죽에 고구마나 밤을 사용한 앙금을 넣고 찌거나 구워서 만든다.

만쥬는 껍질이 밀가루로 만들어지기에 맥주로 활용할 수 있을 것 같다고 생각한 다이콘시마 양조장의 대표는 개발에 착수, 만쥬를 원료로 한 수제 맥주인 '도조스쿠이 만쥬 에일'을 발매했다. 일본인들이 좋아하는 만쥬로 만들었다는 점이 소비자들의 이목을 끌어 출시 약 10개월 만에 1만 병 이상 판매된 히트 상품이 되었다.

이에 자신감을 얻은 다이콘시마 양조장은 새로운 수제 맥주의 개발을 시작한다. 이번에는 돗토리현 요나고시의 유명 도라야키와 마쓰에시의 한 목장에서 사육하는 염소의 우유를 사용했다. 이 또한 남는 도라야키와 염소 우유의 처리에 곤란을 겪는 두 회사의 상담이 제품 개발의 계기가 되었다. 다이콘시마 양조장은 여태까지 염소 우유를 활용해 맥주를 만들어본 적이 없어 어려움을 겪었지만 인터넷에서 해외 사례를 하나 발견하고 그것을 참고해 맥주를 고안해냈다고 한다.

이렇게 생각지 못한 잉여 식품을 활용해 수제 맥주를 만드는 시도가 곳곳에서 일고 있다. 샌드위치를 만들 때 버려지는 식빵 테두리 혹은 농가에서 팔지 못하고 남은 과일 등을 활용해 맥주를 만든다. 예를 들어 코로나19로 인해 농장을 방문하는 관광객이 급감하면서 대량의 딸기가 남은 농장은 딸기를 냉동 보존한 후 샤베트로 만든다. 양조장은 샤베트에 맥즙을 넣어 발효 및 숙성시켜서 과일 맛이 나는 수제 맥주로 완성한다.

지방의 작은 양조장뿐만이 아니다. 대기업들도 최근 업사이클링 제품 개발에 힘을 쏟고 있다. 일본의 맥주 제조사인 아사히 그룹 홀

버려지는 만쥬로 만든 수제 맥주
출처: 다이콘시마 양조장 홈페이지(daikonshima-beer.com)

버려지는 식빵 테두리로 만든 맥주
출처: 아사히유 홈페이지(www.asahi-youus.com)

딩스가 도쿄 스미다가와 브루잉과 협업해 출시한 수제 맥주 '쿠라마에 화이트(蔵前 WHITE)'는 식빵의 테두리를 활용해 만든 맥주다. 원재료의 일부인 빵의 테두리는 도쿄의 한 샌드위치 가게로부터 받고 있다. 이 가게에서는 샌드위치를 만들 때 남는 빵 테두리가 하루에 4~5kg 정도 발생한다. 아사히는 이어 지역의 커피숍에서 버려지는 커피 원두를 회수해 맥주의 원료로 재사용한 '쿠라마에 블랙(蔵前 BLACK)'도 출시했다.

맥주뿐만이 아니다. 증류주 개발 스타트업인 에티컬 스피릿츠(The Ethical Spirits&Co.)는 전국의 양조장 및 식품 공장에서 버려지는 재료로 진(Gin)을 생산하는 업체다. 진은 증류주에 향신료 등을 사용해 만드는 술로 버려지는 식품 등을 향료로 활용해 다른 향과 맛이 나는 진을 만든다. 예를 들어 사케를 만들고 남은 사케 찌꺼기를 원료로 하면 사케 맛이 나는 진을 만들 수 있으며 초콜릿을 만들 때 버려지는 코코아 껍질을 활용해 초콜릿 풍미가 나는 진이 만들어지는 것이다. 에티컬 스피릿츠가 사케 제조 과정에 나오는 찌꺼기를 활용해 만든 진인 '라스트 엘레간트(LAST ELEGANT)'는 세계적인 품평회에서 수상하는 등 제품 자체로서도 높은 평가를 받고 있으며 2021년 판매량이 전년 대비 6배 이상 증가할 정도로 호조를 보이고 있다.

환경오염의 주범이라는 오명을 벗자

　의류 산업은 환경 파괴에 큰 영향을 끼치고 있다는 지적이 끊이지 않고 있다. 특히 SPA 브랜드들은 의류를 대량 생산하고 팔리지 않는 제품은 대량 폐기한다. 유엔무역개발회의에 따르면 의류 산업은 석유 산업에 이어 두 번째로 많은 공해를 유발하는 산업이다. 청바지 한 벌을 만드는 데는 약 7,500리터의 물이 소비되며 의류와 신발 제조는 전 세계 온난화 가스 배출량의 약 8%를 차지한다. 이러한 가운데 디지털 프린팅이라는 새로운 인쇄 기술에 관심이 쏠리고 있다. 디지털 프린팅을 사용하면 의류를 염색하는 공정을 없앰으로써 물 사용량을 획기적으로 줄일 수 있기 때문이다.

　제조업뿐만이 아니다. 최근 유통업체들도 ESG 경영에 힘을 쏟고 있다. 한국의 이마트와 같은 대형 마트인 일본의 이온몰은 ESG 경영의 일환으로, 2040년까지 몰에서 사용하는 에너지 100%를 재생에너지로 전환하는 것을 목표로 하고 있다. 편의점 또한 편리함을 전면에 내세우며 시장을 확대해왔지만 환경에 악영향을 끼친다는 비판도 있다. 24시간 영업으로 인한 이산화탄소 배출, 플라스틱 쓰레기 증가, 그리고 무엇보다 가장 큰 문제로 지적받는 것은 도시락과 같은 음식 폐기물 문제다.

먼저 환경오염의 주범이라고 비판받는 의류 산업의 시도들부터 살펴보자.

주문이 들어오면 생산한다 '프린트온디맨드'

디지털 프린팅은 프린터를 이용해 섬유에 직접 인쇄를 하는 것을 의미한다. 물 소비가 많은 염색 공정 없이 옷의 생산이 가능하기에 환경오염을 줄일 수 있으며 소량 생산이 가능하다는 장점이 있다. 최근에는 개인도 쉽게 온라인 쇼핑몰을 구축할 수 있는 기술과 플랫폼이 등장하고 있으며, 기업에서도 신규 사업으로 D2C(Direct to Consumer) 브랜드를 론칭하는 움직임이 활발해지면서 소량 생산에 대한 니즈가 높아지고 있다.

주문이 들어오면 그때 그때 필요한 만큼만 생산하는 '프린트온디맨드(Print-on-demand)' 방식을 도입하면 필요할 때 필요한 만큼만 생산하기 때문에 의류의 폐기 손실을 줄이고 환경에 기여할 수 있다. 이러한 이유로 최근 인쇄판을 사용하지 않고 데이터에서 직접 출력해 옷을 만들 수 있는 '디지털 프린팅' 기술이 주목 받고 있다.

프린트온디맨드 의류는 환경보호라는 측면 이외에도 최근의 소비 트렌드와도 결을 같이한다. 소비자의 니즈가 다양화되고 SNS의 보급으로 인해 인플루언서의 영향력이 확대되고 있다. 최근에는 소규모이지만 깊은 관계를 가져가는 커뮤니티가 증가하고 있으며 커뮤니티를 기반으로 사업을 진행하는 경우가 많다. 이에 따라 같은 아이템을 대량 생산하기보다는 소품종을 소량 생산하고자 하는 니즈가 높아지고 있다. 소규모 커뮤니티에서도 수익 창출을 위해 자신들의 굿즈를 만들어 인터넷을 통해 판매하기도 한다. 최근에는 개인이 누구나 손쉽게 온라인 몰을 구축할 수 있는 플랫폼들도 다수 등장했다.

온라인 쇼핑몰을 개설한 경우 기존의 생산 방식으로는 초기 투자 비용이 높을 뿐만 아니라 재고가 남는 리스크도 존재한다. 예를 들어 티셔츠를 제작할 경우 기존의 방식으로는 수백 장 이상을 먼저 주문해야 한다. 만약 100장을 주문했을 때 80장만 팔리면 남은 20장은 폐기된다. 이는 환경적으로도 좋지 않을 뿐만 아니라 제조사의 현금 흐름에도 영향을 미친다. 20장은 팔리지 않았지만 100장의 생산 대금을 지급해야 하기 때문이다. 이러한 문제를 해결할 수 있을 것으로 기대되는 것이 바로 디지털 프린팅을 활용한 의

카페가 병설된 디지털 프린팅이 가능한 공간 '크리에이티브 플라자 하토'
출처: 하토 도쿄 홈페이지(hatto.tokyo)

류 생산이다. 디지털 프린트는 옷을 프린트해서 생산하므로 1벌부터 생산이 가능하다. 또한 주문이 들어온 후 상품을 만들기 때문에 폐기물이 없다.

도쿄에서도 최근 디지털 프린팅이 가능한 공간이 선보였다. 2022년 가을 도쿄 시부야에 프린트 공방과 카페가 융합된 공간인 '크리에이티브 플라자 하토(Creative Plaza Hatto)'가 오픈했다. 매장 내에는 이스라엘의 스타트업인 코닛 디지털(Kornit Digital)이 개발한 물을 사용하지 않는 디지털 프린터인 '아틀라스 맥스(Atlas MAX)'가 설치되었다. 아틀라스 맥스는 폴리에스테르 및 폴리에스테르 혼방 소재의 의류 제품에 선명하고 화려한 장식을 입힐 수 있다. 이 공간은 흥미롭게도 카페를 병설했다. 누구나 쉽게 카페에 들러 디지털 프린팅으로 옷이 만들어지는 과정을 보면서 디지털 프린팅에 대한 인지도를 높이고 직접 체험해볼 수 있도록 하기 위함이다.

디지털 기술로 버려지는 옷을 줄이다

의류 산업이 환경오염을 유발하는 산업으로 꼽히는 이유 중 하나는 생산 과정뿐만 아니라 대량 생산으로 인해 팔리지 않고 폐기되는 옷의 양이 어마어마하기 때문이다. 지금 이 순간에도 매초 쓰레기 수거차 한 대 분량의 섬유가 매립 및 소각되고 있다.

미국의 패션 미디어인 더 비지니스 오브 패션(The Business of Fashion)과 컨설팅업체인 미국 맥킨지의 공동 보고서인 '2019년 패션 상황(The State of Fashion 2019)'에 따르면 소비자가 구매하는 의류 수는 15년 전보다 60% 증가한 반면 소비 기간은 절반으로 줄었다. 또한 일본종합연구소(日本総合研究所)가 발간한 '2020년 패션과 환경 조사 결과'에 따르면 2020년 일본 국내 의류의 신규 공급량은 총 81.9만 톤에 달하며 그중 78.7만 톤은 사업장이나 가정에서 사용 후 버려지는 것으로 추정된다. 버려진 의류 중 약 64%는 그대로 폐기되며 이 중에서 어떠한 형태로든 재활용되는 옷은 약 16%, 재사용되는 옷은 약 20%에 불과한 실정이다. 패션업계의 커다란 과제인 '대량 생산-대량 소비-대량 폐기' 현상을 개선하기 위해 노력하는 스타트업들이 등장하고 있다.

폐기되는 의류를 줄이는 것을 목표로 시작한 아울렛 쇼핑몰인 '스마세루(SMASELL)'는 기업에서 팔리지 않고 남은 데드스탁(Dead Stock, 팔다 남은 상품)을 정가의 50~90%에 할인된 가격으로 판매하고 있다. 2017년에 사업을 시작해 2021년 말 기준, 약 2,500개 브랜드를 취급하며 누적 이용객 21만 명에 달하는 대형 쇼핑몰로 성장했다.

의류 브랜드가 자사의 유통 경로를 통해 판매하지 못한 데드스탁은 보통 데드스탁을 전문으로 취급하는 업체에 헐값으로 팔거나 폐기처분된다. 헐값으로 파는 경우는 기업의 매출이 너무 작아지고 폐기처분하는 경우 또한 지속가능성 측면에서 바람직하지 않다. 어느 쪽이 되었든 브랜드 입장에서는 판매되지 않는 제품을 어떻게 처리할 것인지에 대해 고민하게 된다. 의류 브랜드는 발생한 데드스톡을 스마세루에 출품해 판매함으로써 일정 수준의 매출을 올릴 수 있으며 환경 문제도 해소할 수 있다. 소비자는 정가보다 저렴하게 상품을 구매할 수 있다는 장점이 있다. 여기까지 들으면 흔하게 생각할 수 있는 비즈니스 모델이다.

하지만 스마세루가 다른 온라인 의류몰과 다른 점은 2022년 7월에 스마세루가 도입한 온라인 옷장 앱인 '크로젯(XZ, クローゼット)'을 활용한다는 점이다. 크로젯은 사용자가 집에 가지고 있는 옷을 등록하면 코디를 제안해주는 온라인 옷장 앱이다.

조금 더 구체적으로 크로젯 앱을 어떻게 활용할 수 있는지 살펴보자. 소비자는 자신이 이미 가지고 있는 옷을 등록한다. 예전에 다른 온라인 몰에서 구입한 옷을 검색해 등록하거나, 비슷한 아이템을 선택하는 등의 방법을 통해 온라인상에 자신의 옷장 내 아이템들을 저장하는 것이다. 그리고 소비자가 이 크로젯 앱을 도입한 의류 판매 사이트를 방문하면 자신이 가지고 있는 옷과 온라인 몰에서 판매하는 옷의 이미지를 연동해 코디를 추천해준다. 크로젯은 소비자에게 각자에게 맞는 옷을 추천해줌으로써 고객 경험을 높이는 것에 더해 이미 가지고 있는 옷을 효과적으로 활용하도록 제안함으로써 불필요한 구매를 줄이도록 한다.

스마세루는 이 크로젯 시스템을 도입해 사용자가 과거에 구입한 옷과 스마세루에서 구입하고자 하는 옷을 어떻게 코디할 수 있

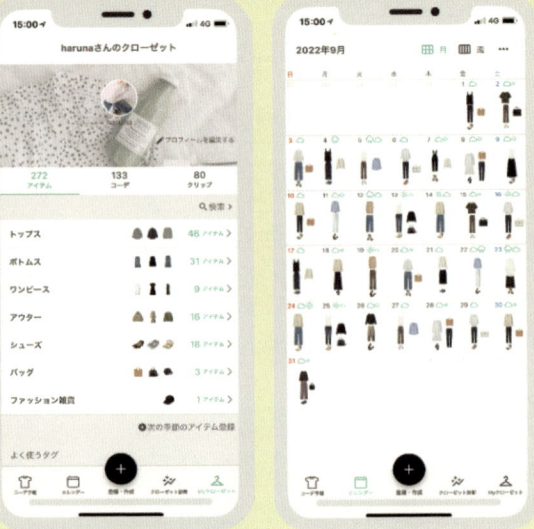

고객이 가지고 있는 옷을 한눈에 볼 수 있는 온라인 옷장인 크로젯 앱

출처: 크로젯 앱

고객이 가지고 있는 옷과 쇼핑몰에서 판매하는 옷을 매칭해볼 수 있는 크로젯 앱

출처: 크로젯 앱

을지 이미지를 확인할 수 있도록 한다. 이렇게 구체적인 착용 이미지를 확인할 수 있도록 하면 구매에 대한 허들이 낮아진다. 실제로 고객이 보유하고 있는 의류를 활용한 코디를 제안한 경우와 제안하지 않은 경우를 비교했을 때 코디 제안을 한 경우의 구매 전환율이 7.6배나 높았다고 한다.

스마세루의 쇼핑몰에는 상품의 사진만 올라가 있지 상품을 착용한 이미지 사진은 없다. 예전부터 소비자들로부터 상품 착용의 이미지를 원한다는 목소리가 많았다. 일부 상품은 자체적으로 착용 이미지를 촬영해 사이트에 게재하고 있는데 확실히 의류를 착용한 이미지가 있는 상품의 판매량이 좋다. 그렇다면 자체적으로 착용 이미지를 많이 준비하면 되지 않느냐고 반문할 수 있을 것이다. 하지만 여기에서 스마세루의 독자적인 과제가 드러난다. 같은 상품을 대량 생산해서 일정 기간 계속 판매하는 일반적인 온라인 쇼핑몰이라면 제품 착용 사진을 한 번 촬영해 판매 기간 중 계속 사용할 수 있다. 대량으로 판매하기에 촬영 비용을 회수하기도 쉽다. 하지만 팔리지 않은 데드스톡을 취급하는 스마세루의 경우에는 한 번 판매한 상품을 다시 판매하는 일이 드물다. 또한 대부분의 상품이 처음부터 재고가 10개 미만인 경우가 많아 촬영 비용을 회수할 수 없는 경우가 많다. 하지만 크로젯 앱을 활용하면 판매하는 상품과 비슷한 아이템을 착용한 코디 사진을 활용하면 되기에 별도로 직접 촬영하지 않아도 된다. 소비자들은 코디 사진을 보면서 제품을 입었을 때 이미지를 확인할 수 있어 안심하고 제품을 구입하게 된다.

그뿐만 아니라 스마세루는 판매 기업과 소비자들이 환경에 기여하고 있다고 느낄 수 있도록 이산화탄소(CO_2) 배출량을 얼마나 줄였는지를 사이트에서 가시화하고 있다. 해당 품목의 구매로 인해 얼마나 많은 이산화탄소를 줄일 수 있었는지, 즉 해당 옷이 소각되었을 때 배출될 이산화탄소의 양을 보여준다. 지속가능성은 패션업계의 커다란 과제로 떠오르고 있다. 기술을 활용해 업계의 과제를 해결하려는 움직임은 앞으로 더욱 활발해질 것으로 보인다.

친환경을 내세운 미래의 편의점

편의점은 이름 그대로 편리함을 가장 큰 무기로 내세우며 우리 일상에 가장 가깝게 자리 잡은 유통 채널이다. 이제 편의점 없는 생활을 상상하기 힘들 정도로 현대인의 생활 인프라가 되었지만 편리한 만큼 환경에의 부담도 큰 산업이다. 가장 커다란 문제는 도시락, 삼각김밥과 같은 음식이 매일 버려진다는 점이다. 유통기한이 임박했지만 팔리지 않은 도시락과 음식을 수거하는 직원들의 손길도 바쁘기만 하다.

일본 편의점인 로손은 폐기물 제로화 등을 목표로 하는 친환경적인 매장인 '그린 로손(Green Lawson)'을 2022년 11월 오픈했다. 그린 로손의 첫 번째 점포는 실험적인 성격이 강한 매장으로 환경을 의식한 매장, 지속가능한 매장이라는 콘셉트의 편의점이 소비자들에게 어느 정도 받아들여질 수 있을지를 조사하기 위해 만들어졌다. 그린 로손은 기존의 편의점과 어떻게 다를까?

우선 매장을 들어서면 가장 먼저 눈에 띄는 것은 입구 옆에서 고객을 맞이하는 아바타 점원이다. 입구 자동문 옆에 대형 모니터가 설치되어 있고 매장 입장 시 아바타가 "어서오세요."라며 인사를 건넨다. 단지 인사만 하기 위해 아바타를 도입한 것이 아니다. 그린 로손은 아바타가 접객을 하는 편의점이다.

아바타 접객이란 매장 내 모니터에 표시되는 아바타가 점원을 대신해 손님을 도와주는 것이다. 그린 로손은 기본적으로 접객 직원 없이 운영되는데 계산대 사용법을 모르거나 추천 상품을 알고 싶은 고객을 아바타가 지원하는 것이다. '아오이'와 '소라토'라는 이름을 가진 두 명의 캐릭터가 접대를 담당하는데 로손 본사의 직원

친환경을 테마로 한 편의점 '그린 로손'
출처: 로손 홈페이지(lawson.co.jp)

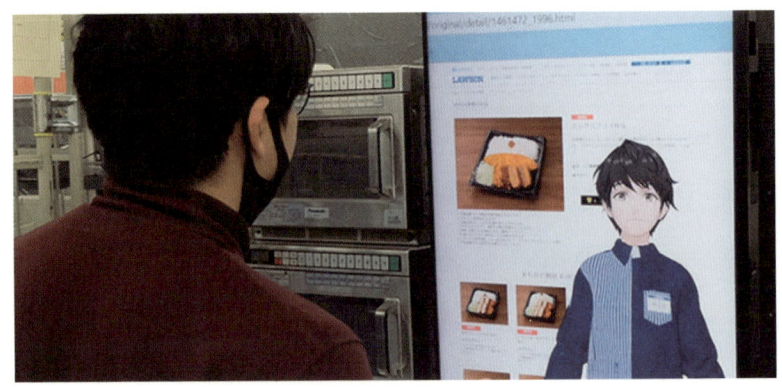

아바타를 활용해 고객을 돕는 그린 로손
출처: 로손 홈페이지(lawson.co.jp)

이 원격으로 실시간으로 대응한다. 매장에 직원이 근무를 하지 않아도 되며 한 명의 직원이 여러 개의 매장을 담당한다. 즉 본사에서 한 명의 사람이 복수의 아바타를 대신하면서 인력의 효율을 높이는 것이다. 이는 일손 부족이라는 문제를 해결하면서도 고객 접객 서비스의 질을 낮추지 않으려는 노력의 일환이다.

두 번째는 도시락이다. 그린 로손에서는 보통 편의점에서 파는 상온의 냉장 도시락은 취급하지 않으며 냉동 도시락과 매장 내 주방에서 직접 만든 도시락을 판매하고 있다. 상온의 냉장 도시락은 유통기한이 지나면 폐기 대상이 되기 때문에 식품 손실을 발생시킨다. 하지만 냉동 도시락의 경우 유통기한이 6개월 이상이어서 식품 손실이 발생하기 어렵다. 최근 냉동 식품 기술이 발전하면서 냉동 도시락의 해동해 먹어도 만들 당시의 식감을 그대로 재현한 제품들도 많아졌다. 가정 내 도시락을 쟁여 놓기 위해서 고령자층들도 많이 구매하는 것으로 파악되고 있다.

세 번째는 도시락의 모바일 주문이다. 로손은 일부 매장 내에 '마치카도 주방(まちかど厨房)'을 운영 중인데 주방이 설치된 로손은 점포 내에서 도시락을 직접 만들어 판매한다. 본래 마치카도 주방은 정해진 시간에 도시락을 만들어 진열해 놓고 판매한다. 하지만 그린 로손에서는 소비자가 스마트폰으로 주문을 하고 그때부터 직원이 음식을 준비한다. 도시락이 준비되면 고객에게 연락이 가서 바로 도시락을 받아 먹을 수 있다. 이렇게 수요가 발생할 때 음식을 만듦으로써 식품 폐기물을 줄이고 있다. 편의점 매장 안에서 조리를 하는 것은 손이 많이 가는 일이다. 하지만 셀프 계산과 아바타 접객을 도입함으로써 그린 로손 내 점원의 업무는 상품 진열과 청소만으로 줄이고, 대신 도시락을 만드는 데 집중한다. 점원들의 부담을 줄이면서 음식물 쓰레기도 줄이는 것이다.

네 번째는 플라스틱 쓰레기를 줄이기 위해 비닐봉지 및 일회용 젓가락과 숟가락을 완전 폐지했다. 로손은 플라스틱 줄이기 캠페인을 추진, 2019년부터는 로손 편의점 내에서 파는 아이스커피의 용기는 종이컵으로 바꾸었으며 2022년 4월부터는 플라스틱 사용량을 줄인 구멍이 뚫린 스푼과 포크를 순차적으로 도입했다. 하지만 편의점 내에서 일회용 숟가락과 젓가락을 아예 제공하지 않는 시도는 처음이다.

로손은 이렇듯 편리함으로 대변되는 편의점의 강점을 없앤 '탈편의점'적인 모습을 보여주고 있다. 편리함과 지속가능성을 동시에 추구하려면 앞서 언급한 네 가지 시도를 하나씩 차례로 시도하는 것이 소비자들에게는 더 쉽게 받아들여졌을 수도 있다. 실제로 로손 내부에서도 고객들의 반발을 우려하는 목소리가 있었지만 로손이 앞으로 지향하는 편의점의 모습을 보여주면서 소비자와 소통하고, 그 과정에서 모습을 개선해 나가는 것이 이상적이라고 판단했다고 한다.

또 한 가지 흥미로운 점은 그린 로손이 오픈한 위치다. 친환경 활동을 실험해보는 점포라면 이용자들이 많은 도심 오피스 지역에 출점하는 것을 고려하게 된다. 하지만 그린 로손은 도심에서 조금 떨어진 고령자들이 많이 사는 주택가에 만들어졌다. 그 이유에 관해 로손 인큐베이션 컴퍼니 사업개발부 요시다(吉田泰治) 부장은 다음과 같이 설명한다.

"고령자층과 셀프 계산대의 조합이 좋다고 할 수는 없죠. 하지만 역으로 생각하면, 어떤 형태라면 소비자들에게 받아들여질 수 있을지, 아바타 접객으로 점포 내 고객의 니즈를 해결할 수 있을지 등을 검증하기 좋습니다. 그린 로손은 개선을 전제로 만든 점포이기 때문에 개선할 포인트를 많이 찾기 위해서는 고령자가 많이 사는 곳이 적합합니다."

또한 그린 로손은 직영점이 아닌 프랜차이즈 매장으로 운영한다. 로손이 처음하는 시도들이 가득한 점포라면 본사에서 직접 점포를 만드는 것이 쉬울 것이다. 하지만 로손은 친환경 점포인 그린 로손을 한두 개 내고 말 생각이 아니다. 그린 로손의 포맷을 확장하기 위해서는 프랜차이즈로 운영하는 것이 맞다고 생각한 것이다. 1호점을 오픈할 때 직영점으로 운영하면 기업의 의도를 반영하기 쉽다는 장점이 있지만 지속가능한 비즈니스 모델을 위해서는 프랜차이즈로 성공 사례를 만드는 것이 앞으로 같은 모델을 확장하기 쉽다고 전한다.

'비닐봉지 없음, 셀프 계산대, 젓가락이 없음'

편리함을 전면에 내세운 편의점이 불편해지고 있다. 편의점은 편리해야 한다는 고정관념을 깨고 소비자에게 지속가능한 가치를 제안하는 로손에 소비자들은 어떤 판단을 내릴지 조금 더 지켜봐야 할 것이다. 하지만 그린 로손의 시도가 유통업계에 미칠 영향력은 간과할 수 없을 것이다.

도쿄 트렌드 인사이트

초판 1쇄 발행 2023년 11월 16일

지은이 | 정희선
펴낸곳 | 원앤원북스
펴낸이 | 오운영
경영총괄 | 박종명
편집 | 최윤정 김형욱 이광민 김슬기
디자인 | 윤지예 이영재
마케팅 | 문준영 이지은 박미애
디지털콘텐츠 | 안태정
등록번호 | 제2018-000146호(2018년 1월 23일)
주소 | 04091 서울시 마포구 토정로 222 한국출판콘텐츠센터 319호(신수동)
전화 | (02)719-7735   팩스 | (02)719-7736
이메일 | onobooks2018@naver.com   블로그 | blog.naver.com/onobooks2018

값 | 19,000원
ISBN 979-11-7043-468-9 03320

* 잘못된 책은 구입하신 곳에서 바꿔드립니다.
* 이 책은 저작권법에 따라 보호받는 저작물이므로 무단 전재와 무단 복제를 금지합니다.
* 원앤원북스는 독자 여러분의 소중한 아이디어와 원고 투고를 기다리고 있습니다.
  원고가 있으신 분은 onobooks2018@naver.com으로 간단한 기획의도와 개요, 연락처를 보내주세요.